# 文化旅游视角下美丽乡村建设理论与方法研究

郑 炜 著

北京工业大学出版社

**图书在版编目（CIP）数据**

文化旅游视角下美丽乡村建设理论与方法研究 / 郑炜著. — 北京 ：北京工业大学出版社，2025.7 重印
ISBN 978-7-5639-6890-9

Ⅰ. ①文… Ⅱ. ①郑… Ⅲ. ①农村一社会主义建设一研究一中国 Ⅳ. ①F320.3

中国版本图书馆 CIP 数据核字（2019）第 145863 号

## 文化旅游视角下美丽乡村建设理论与方法研究

**著　　者：**郑　炜
**责任编辑：**任军锋
**封面设计：**点墨轩阁
**出版发行：**北京工业大学出版社
（北京市朝阳区平乐园 100 号　邮编：100124）
010-67391722（传真）　bgdcbs@sina.com
**经销单位：**全国各地新华书店
**承印单位：**三河市元兴印务有限公司
**开　　本：**710 毫米 ×1000 毫米　1/16
**印　　张：**11.5
**字　　数：**230 千字
**版　　次：**2021 年10月第 1 版
**印　　次：**2025 年 7 月第 4 次印刷
**标准书号：**ISBN 978-7-5639-6890-9
**定　　价：**45.00 元

# 前 言

随着我国社会现代化发展的不断深入，党和国家越来越重视生态环境的保护和建设并将其作为我国社会主义社会建设的重要任务和目标。农村的发展建设一直是我国社会主义社会建设中的重要组成部分和重点关注的对象。为了实现农村的现代化建设，国家提出了“美丽乡村”的建设目标。

总体来说，“美丽乡村”的建设，就是要增加农民收入、改善农村基础设施建设状况、提高农民生活质量、加强农村生态环境保护、建设独特的乡村文化。其中旅游产业能够较好地与“美丽乡村”建设相结合，特别是近年来兴起的文化旅游，其层次和水平较传统的旅游模式更高，更加符合“美丽乡村”的建设需求。因此，文化旅游不仅为研究“美丽乡村”的建设问题提供了一个很好的视角，而且为“美丽乡村”的实现，提供了一条效果好、可行性强的途径。

本书第一章对美丽乡村的内涵、建设的意义、未来发展趋势和建设现状等进行研究。第二章对建设美丽乡村的内容进行了研究，分为经济、生活、环境、社会、文化五个方面。第三章对美丽乡村与乡村旅游的结合进行了研究。第四章对乡村旅游的理论进行了研究。第五章对美丽乡村的景观营造进行了研究，包括对乡村景观的内涵、乡村农居的建设、乡村景观的规划等内容。第六章对美丽乡村的环境治理进行了研究，包括对生活垃圾污染、水污染、土壤污染治理的研究。第七章对美丽乡村的文化建设进行了研究，包括乡村文化的概念、乡村文化的培育和历史文化村镇的保护等内容。第八章对美丽乡村的乡村旅游产业建设进行了研究。

为了保证内容的丰富性与研究的多样性，作者在撰写本书的过程中参阅了很多关于“美丽乡村”和乡村文化旅游等方面的资料，在此对相关作者表示衷心的感谢。最后，由于作者水平有限，时间仓促，书中难免有疏漏和不妥之处，恳请同行专家和读者批评指正。

# 前言

# 目　录

# 第一章　美丽乡村建设概述

党的十九大曾提出："将美丽乡村建设作为实施乡村振兴战略的重要抓手，把加快推进农业现代化作为推进美丽乡村建设的总目标，按照产业兴旺、生态宜居、乡风文明、治理有效、生活富裕的总体要求，着力打造美丽乡村升级版，推动美丽乡村从一处美迈向一片美，从一时美迈向持久美，从外在美迈向内在美。在环境美的同时发展也要美，不断谱写美丽中国的新篇章。开创农业农村发展新局面。"本章从美丽乡村的内涵与特征、美丽乡村建设的意义、乡村建设的未来发展趋势，以及美丽乡村建设现状四个方面进行简要阐述，具体内容如下。

## 第一节　美丽乡村的内涵与特征

### 一、美丽乡村的基本内涵

曾有学者将中国农村聚村而居的原因概括为以下几点。

①考虑到安全隐患，人们认为人多相对来说会比较安全。

②此时期每家可耕地面积较小，因为是小农经营，因此便聚在一起居住，而且住宅和农场之间的距离相对来讲比较近。

③基于土地平等继承原则，子孙所继承的地方一点点累积起来，逐渐成为一个小规模的村落。

④耕地对于水的需求使人们必须进行合作，为此，他们需要住在一起以便合作起来更加方便。

近些年来，"美丽乡村"一词渐入人心，对于美丽乡村的建设活动更是在全国各地如火如荼地展开着。谈及"美丽乡村"，大多数人都会认为是有山有水的环保清爽之地。但除此之外，"美丽乡村"还有另外一层含义。

自改革开放以来，我国城市化发展速度很快，人们开始关注并要求乡村要紧追城市的发展脚步，并在一定程度上缩小与城市之间的差距。但需要注意的是，这并不代表美丽乡村要通过延续城市中出现的高消耗，以及高污染等来完成二者之间差距的缩小，而是需要以经济、社会与生态效益的最优化发展来完成，最终建设一个布局精美、生活和美、环境优美、生态优良、社会和谐的美丽乡村。

综上所述，现代涉及的“美丽乡村”主要是将自然风光的秀丽，以及生产发展、生活舒适、生态良好、人文和谐丰富内涵的大美集于一身，在美的形式上主要体现“四美”，也就是我们通常所说的产业美、环境美、生活美、人文美。

### （一）整体氛围：浓郁乡村文化

优美的自然风光及田园野外是乡村之美的基础所在，独具特色的民俗事项和风土人情是乡村之美的关键。由于每个地方的资源以及环境的不同，所以美丽乡村的建设需要因地制宜，将某一地域发展成为具有当地特色的个性之美之地。

随着国际化的快速发展，城市也越发国际化，城市中的建筑几乎千篇一律，农村在未来很有可能成为中华多元化文化体系的保留地。所以说，乡村文化的发展要注意结合乡村特色的生态资源和人文资源，例如，乡土人情、文化古迹等，让乡村文脉资源融入美丽乡村建设，展现独特的美丽。

### （二）内部要求：百姓富裕

在过去，大多数乡村主要以牺牲环境为代价来追求经济的发展。但对于美丽乡村而言，要建立在坚持生态与经济相互并进、协调发展的理念之上，并将生态富民的先进理念融入建设美丽乡村的整个过程之中。争取走上一条生活富裕、生态良好的道路。所谓生态环境的良好，主要是指一种生产力量，对于生态环境的建设主要是发展生产力。

如“一年一场风，从春刮到冬；白天点油灯，黑夜土堵门；风起黄沙飞，十年九不收……”这是山西右玉县从前的真实写照，它的位置处于毛乌素沙漠天然风口地带，由于各种原因，当时该地的森林覆盖面积只有 0.32%，可以说生态环境是极其恶化的。于是该地的县政府、县委历经十几年的努力，不断植树造林，将自己的心血和汗水洒在这片土地上，绿化了沙丘和荒山，最终卓有成效地改善了该地的生态环境，与此同时，还为该地社会经济的发展奠定了坚实有力的基础，赢得了“塞上绿洲”的称号，走出了一条在干旱贫瘠、高寒冷凉地区生态与经济相协调、人与自然相和谐的绿色可持续发展之路。

（三）外部要求：生态环境优美

对于部分垃圾的处理方式来讲，以往都是通过各种方式进行自然降解，然而现在出现的垃圾越来越多，已无法进行自我降解。乡村并没有像城市一样的卫生服务系统，大部分情况下都是需要村民自己动手进行打扫，部分垃圾有时会被堆放在废气的宅基地上，尤其是在夏季，苍蝇之类的虫子比较多，气味极其难闻，再被风一刮，各色的塑料袋便会飞上天。这样的乡村根本没有美丽可言，美丽乡村需要具备良好的生态环境。

（四）有力依靠：科学规划

规划的好与坏直接影响着对的资源使用情况。在我国农村地区，其房屋的建造主要是自发性的，没有一个较为统一的布局规划，因此出现了许多废弃住宅、地皮等，这对土地资源造成了一定的浪费。又由于审美观念的不同或是审美观念较为落后，导致一些建筑的外形风格差别较大，外部装饰与环境格格不入。

因此，美丽乡村建设的重点内容之一是将乡村建设进行统一规划设计，进一步解决乡村普遍存在的“脏、乱、差”现象。但在此期间需要注意的是，美丽乡村的规划并不是一成不变的照搬某个模式，它也需要有自己的特色和个性，不能将所有乡村建设成一个样子，应根据不同乡村的特有地理风貌进行建设，使乡村建设多元化，在外貌上千姿百态、多种多样，进行建设的同时要保留住乡村原有的味道。

（五）人居环境：和谐怡人

以往乡村的生活环境令人担忧，诸多工厂排出的污水，农民为庄稼喷施的农药和化肥等都对该地的空气、河流、土壤造成了极为严重的污染，甚至出现了一些致癌村。还有一部分农产品没有经过检查，被大量催熟放到市面上去卖，严重影响了人们的饮食健康。除此之外，乡村地区的洪涝、地震、干旱等自然灾害给当地居民带来了极大的经济损失和心理创伤。同时乡村地区的社会治安问题，通常是依靠传统道德来维持的，然而随着城市化进程的加快，原本维系乡村治安的道德体系逐渐瓦解，急需新的秩序以建立和谐的乡村人居环境。

对于实现人与自然和谐相处，建设“美丽乡村”，还需要将以往过度耗费资源、破坏环境的传统发展模式摒弃，大力推进绿色发展、低碳发展、循环发展，形成一个保护环境和节约资源的产业结构、生产方式、生活方式，实现人与自然、环境与经济的和谐发展。

"美丽乡村"，还美在人与社会的和谐发展上。人与社会和谐发展需要在尊重、把握和顺应自然规律的基础上，不断调整当代人之间，以及代与代之间的环境利益关系，努力实现人与人、人与社会、当代人与子孙后代的环境利益关系的和谐。

## 二、美丽乡村的特征

### （一）形式美

形式美既是美丽乡村的一个基本要素，又是美的一种表现形态。村落、农田、森林、水域等可以将乡村的外在美充分向人们展示出来，且人们也可以通过听觉、视觉感受出来。"明月别枝惊鹊，清风半夜鸣蝉。稻花香里说丰年，听取蛙声一片。"这段描绘了乡村景色的诗句，为那些没有去过乡村的人们带来了无尽的憧憬与向往。由于乡村是人们所生活的地方，因此，美丽乡村不应局限于对自然风光的追求，还需要人们对区域进行积极地建设，只有这样，才能使乡村更加美丽。如宏村、西递村、诸葛八卦村等向人们展示了村落与自然风景的"天人合一"，充分利用了自然环境的优势，把村落和自然环境融为一体，形成了一幅优美的画卷。

### （二）内在美

众所周知，我们所追求的美是一种可持续的动态美，而非一种暂时的美。对于美丽乡村的建设，还要注重其功能的完善、优化、健康、安全、低碳与环境友好等。因为，没有健康生态关系的美丽乡村，即便是表面形式上的美也不能归类为真正意义上的美。在美丽乡村建设中，部分政绩工作只侧重于表面形式，急于求成，而忽略了质量安全保障，久而久之便会将诸多弊端暴露出来。如有些地方为了使乡村建设的美观效果能够快速呈现出来，不惜违背生物群落自然生长规律，超前配置结构完备的植物群落，刚开始景观效果可能很美，但这种方式得到的美观并不能存在多久。

## 三、美丽乡村的建设

### （一）美丽乡村建设的实质

我们可以将美丽乡村建设内容衍生如下几项。

①对于当地美丽乡村的建设而言，首先需要将该地自然和社会资源进行充分考察，在此基础上进行适宜的规划利用。

②美丽乡村建设地再美，也需要与人相结合，若没有人群居住在此，那么美丽乡村的建设将是毫无意义的，所以美丽乡村的建设要以农民群众作为主体。

③美丽乡村的建设离不开资金的支持，所以需要推动农村产业的发展，改变以往传统农村生活和农业生产方式，使农业和农村并重，农业是农村发展的基础。

④加强农村基础条件建设，改善农村环境，提升农村管理水平。最终实现农民生活质量的提升，以及农村经济环境、社会环境和生态环境协调发展。

对于美丽乡村建设而言，它实际上是一个系统工程，是政策、环境、经济、文化举措的复合性作用，以及“五位一体”具体的表现形式，同时也是农村、农业和农民共同的发展内容。

乡村发展是一个长久进化的过程，我们需要用发展的眼光去看待它，对它的未来而言，可能是繁荣的、可能是萧条的，也有可能需要不断优化最终才能符合社会发展需求，以及农民的自身需求，这个进化的过程是一个时间长短的问题。

所以相关部门可以将我国乡村发展的最终目标预设为“美丽乡村”，并且对该目标进行合理评估，看它是否符合农民自身的要求及社会发展的需求。与此同时，美丽乡村建设也是一种乡村发展模式的优化过程，在此期间，巧妙地避免了乡村无序和无效的发展方式，以最小的资源损耗，在最短的时间内达到美丽乡村建设这一目标，使乡村的发展效率得到稳步提高。

判断一个乡村建设方案是否合理，判别整个建设方案和模式的设计是否合理，需要相关部门及人员通过对美丽乡村的要求进行严格评估，以此来提高美丽乡村建设的成功率。由此见得，“美丽乡村建设”是一种行动方案和模式，“美丽乡村”是一种评估标准和方法。

就目前而言，我国美丽乡村建设的整个系统并不十分完善，尽管国家已经对美丽乡村建设做了进一步的要求准则，但是，站在技术管理人员和规划设计人员的角度看，怎样建立美丽乡村评估标准和方法，怎样将美丽乡村建设模式和方案设计顺利、有效地开展，怎样评判模式和方案能够利用最小的资源消耗在最短的时间内达到美丽乡村的要求，是一个值得深入研究的问题。

### （二）美丽乡村建设的任务

#### 1. 以统筹规划推进乡村整体布局美

美丽乡村建设并非是一个短时间内就能完成的工程，由此可知，规划是将美丽乡村建设顺利完成的前提条件，为了使乡村美丽建设科学有序地进行，必须编制统筹乡村空间发展的综合规划，全面考虑乡村的整体格局、道路网络、公共服务设施、生态修复、古迹保护、农业发展、村庄更新等需要，提升美丽乡村建设的品质和功能配置。

现阶段大部分地区的美丽乡村建设，模仿城市建设的模式，重蹈城市建设中的“摊大饼”和外延式扩张模式，造成千村一面，或者用城市的视角来美化乡村，随意拆村建居，导致乡村景观风貌严重受损、乡村特色丢失。美丽乡村建设要按照城乡统筹发展的要求，做好村镇布局规划，要以优化农村人口和村庄布局为基本导向，将土地利用规划、农村居民点布局规划、土地整治规划、农房改造建设规划、环境综合整治规划、农业发展规划、交通水利规划、古村落保护规划、农村社区服务中心建设规划等进行全面整合，推进乡村整体布局美，使乡村整体成为桃花源式的美丽艺术品。

相关部门及人员应针对不同层次的乡村空间规划，对各类用地的布局进行详细、具体的安排，与此同时，还需要考虑到生态、经济、社会这三方面的综合问题。在这种严格的、强有力的规划保障和执行体系下，各种类型的农房置换、土地改革及农业开发都只是规划中的具体执行过程，在此期间，一切违背规划的建设行为都是不允许的。

2.以特色产业推进乡村发展生产美

在美丽乡村的建设过程中，要把促进农业和农村经济发展、打造农村特色产业放在突出位置。产业项目的实施，在某种意义上就是规划的执行过程和实现途径。这些产业项目不管是由私人执行，还是由政府执行，都需要在执行前经过缜密论断才可以，且主要是从经济可行性社会影响及生态影响等各方面作为切入点，进行项目的严格筛选，保证该土地的项目在规划下能够发挥其最大价值。在项目筛选过程中，又分为两个主要筛选手段，其一是市场配置机制，其二是公众参与机制。

当然，这里的“村”，并不就是绝对的行政村或自然村，也可以按照规模生产和规模经济的要求，是几个村的聚合体，以实现产业的规模效益。任何没有产业支撑的美丽乡村建设，最终都很难保持其发展的韧性。

3.以村庄整治推进乡村建设生活美

科学规划对于美丽乡村建设来说是极为重要的，在科学规划的引导下，围绕改善乡村人居环境、促进城乡生活等值化，以村庄整治为主线，从优化乡村空间利用格局、配套建设乡村基础设施和公共设施、加强乡村环境综合整治等方面推动营造整洁、健康、舒适的生活环境，推进乡村建设生活美。按照因地制宜的原则，着力推进村庄连片整治，加大串点成线、连线成片的综合整治力度，实现“统一规划、联合整治，城乡联动、区域一体”。要扎实推进分类整治，按照“重点培育中心村、全面整治保留村、科学保护特色村与合理整治撤并村”的要求，着力打造一批各具特色的美丽村庄。

4. 以生态保育推进乡村建设生态美

美丽乡村应该是资源节约、环境友好、乡土风貌原汁原味、人与自然和谐相处的生态村。“美丽乡村建设，是美化还是破坏”这应当作为持续关注的重点。美丽乡村建设中两个最重要的目标是：为了乡村居民，改善他们的生产、生活、生态质量；为了全国人民，改善乡村的发展质量。通过美丽乡村建设重建田园牧歌的生活，温饱有余的农民和城市居民可以继续享受大自然带给人们的温柔，可以继续享受家庭的和睦、邻里间的友爱。因此，美丽乡村建设要以生态环境保育为底盘，把一个村域的文脉、历史、文化、工程、利用方式和土地的物质形式当作一个活的生命来对待，当作一种生命的形式、一种生命体系来对待，重构能闻到自然界芳香、听到自然界鸟鸣、看到自然界原风景、感到自然界睿智的乡村“伊甸园”景观。美丽乡村建设工作者是重构生命景观的“生态工程师”。《论语·雍也》指出：“知者乐水，仁者乐山”。作为当代的“生态工程师”，必然是仁智之人，必然将人与自然和谐相处作为一种存在境界，将个体的生命情感融入大自然的乡村景观中去。将美丽乡村建设融入大自然的乡村景观中去，这是仁智之人的情怀，也是仁智者的生命依托。

5. 以乡愁复兴推进乡村建设人文美

乡愁是在现代化进程中人们所产生的一种基于文化和精神层面的需求和情感，是一种对乡村生活和乡村生态的依恋和期盼。中国有着 5000 年的历史，在乡村有着很深厚的文化积淀。“乡愁主题”在中国至少已存在了上千年，“望得见山、看得见水、记得住乡愁”是民族文化之根、是中华儿女的精神家园。我们再回头审视改革开放 40 年来的中国，到底经历怎样的变迁。从土地出发，到如今回不去的故乡，乡愁何寄？这将成为中国现在，一个最迫切需要解决的心灵与身体、个人与群体、社会与国家的多重困惑。美丽乡村建设是人类为了满足新的功能需要对乡村开放利用的一种干扰，如何使美丽乡村建设的产品能够深深地记住乡愁，并促进已经失去的乡愁得以复兴，将成为美丽乡村建设面临的严峻挑战和重大战略。要实现这一战略目标和完成这一历史使命，美丽乡村建设就必须真正走回乡之路。这是一种生命情怀的追寻，也是一种实现人与自然和谐的境界。

### （三）美丽乡村建设的目标

1.总体目标

在美丽乡村的建设上必须以“生态宜居、人文和谐”为目标，在建设上通过科学的规划，充分利用政策、组织为美丽乡村的建设提供支持，根据建设目标，从生产、生活、文化、生态等方面展开美丽乡村的建设，实现人与自然的协调发展。

可以采取试点建设的方法，利用试点，形成各具特色的美丽乡村发展模式，构建美丽乡村的示范典型，由试点向外推广，全面推进美丽乡村的农业现代化发展、生态文明建设与现代化管理。

2.分类目标

（1）产业发展

①从产业形态角度上来看，首先，需要明确主导产业，且要将这些产业集中化，保证每个乡村能够拥有 1 ～ 2 个主导产业，其次，除外出工作的当地农民外，其他农民从主导产业中所获得的收入已经高达总收入的 80%，再次，形成从生产、贮运、加工到流通的产业链条，并逐步拓展延伸，最后，产业发展和农民收入地增速，已经在该地区处于领先水平。

除此之外，还需要将对“三品标”的培育和推广作为重点关注对象，避免农产品安全事故的发生。

②从生产方式方面来看，基于“增产增效并重、良种良法配套、农机农艺结合、生产生态协调”的要求，推进农业技术集成化、劳动过程机械化、生产经营信息化，彻底实现和完善农业基础设施，使标准化生产技术的应用率达到 90%，甚至更高，在此基础上，促进土地等自然资源的适度规模化经营，适用于机械化作业的区域（或行业）机械化综合运行率应高于 90%。

③从资源利用方面来看，资源利用集约高效，农业废弃物循环利用，土地产出率，农业水资源利用率、农药化肥利用率和农膜回收率高于本县域平均水平，秸秆综合利用率达到 95% 以上，农业投入品包装回收率达到 95% 以上，人畜粪便处理利用率达到 95% 以上，病死畜禽无害化处理率达到 100%。

④从经营服务方面来看，生产经营活动的主干力量被新兴农业主体所取代，新型农业社会化服务体系相对来说是比较健全的，农民合作社、专业服务公司、专业技术协会、涉农企业等经营性服务组织作用明显，农业生产经营活动所需的政策、农资、科技、金融、市场信息等服务到位。

（2）生活舒适

①经济宽裕。良好的集体经济条件，一村一品或一镇一业发展良好，农民收入水平在本县域内高于平均水平，改善生产、生活的愿望强烈且具备一定的投入能力。

②生活环境良好。农村公共基础设施完善、布局合理、功能配套，乡村景观设计科学，村容村貌整洁有序，河塘沟渠得到综合治理。人畜饮水设施安全达标。实现生产生活分区，主要道路硬化。完善生活垃圾、污水处理利用设施，处理利用率应达到96%以上。

③居住条件适宜。住宅美观舒适，大力推广应用农村节能建筑，清洁能源普及，农村沼气、太阳能、小风电、微水电等可再生能源在适宜地区得到普遍推广应用，省柴节煤等生活节能产品广泛使用。环境卫生设施配套改厨、改厕全面完成。

④综合服务良好。交通出行便利快捷，商业服务能满足日常生活需要，用水、用电、用气和通信等生活服务设施齐全，维护到位，村民满意度高。

（3）民生和谐

①权益可维护。创新是有效的集体经济发展、加强集体经济组织的能力和服务能力、确保农民拥有财产权、使用住宅基础和分享集体经济利益。

②安全有保障。遵纪守法形成风气，社会治安良好有序，无刑事犯罪和群体性事件，无生产和火灾安全隐患，防灾减灾措施到位，居民安全感强。

③基础教育得到发展。教育设施齐全，义务教育普及，适龄儿童入学率100%。

（4）文化传承

①民风朴实、文明和谐，崇尚科学、反对迷信，明理诚信、尊老爱幼，勤劳节俭、奉献社会。

②传统建筑、民族服饰、农民艺术、民间传说、农谚民谣、生产生活习俗、农业文化遗产得到有效的保护和传承。

③文化体育活动经常性开展，有计划、有投入、有组织、有设施，群众参与度高、幸福感强。

④自然景观和人文景点等旅游资源得到保护性挖掘，民间传统手工艺得到发扬光大，特色饮食得到传承和发展，农家乐等乡村旅游和休闲娱乐得到健康发展。

（5）支撑保障

①规划编制。试点村庄将根据“美丽的国家”和地方政府的指导创建工作

的总体要求，根据自身特点和实际需求，编制详细、明确、可行的建设计划，明确产业发展、村建设、农民素质、文化建设等方面相应的目标和措施。

②组织建设。土地承包管理、集体资产管理、农民负担管理、公益事业建设和村务公开、民主选举等制度得到有效落实。基层组织健全、班子团结、领导有力，充分发挥基层党组织的战斗堡垒作用和党员先锋模范作用。

③科技支撑。农业生产、农村生活新技术、新成果广泛应用，实施公益性农业技术推广服务，村里有农民技术员和科技模范者，农民学习科技、科技热情高涨。

### （四）美丽乡村建设的层面

#### 1.乡域层面

以“乡域”为单位来推进“美丽乡村”建设工作具有积极作用。这主要是我国行政体制构架特点所决定的。在县（市、区）层级之下，乡（镇）党委、乡政府具有自上而下统筹乡域内社会经济活动和建设等各项组织、协调和管理的作用，通过组织编制乡域社会经济发展规划、乡域总体规划等法定规划来科学合理地确定村庄体系结构，依托区域道路交通条件和产业基础等来制定乡域内产业经济发展整体战略。对于“美丽乡村”建设来说，乡域层面可以从整体上根据各村的优势和特点，明确各村的发展定位，指导各村建设发展的重点，并且协调村与村之间可能存在的矛盾和冲突。

因此，在乡域层面，重点组织、协调和推进“美丽乡村”产业经济的发展将起到更为积极有效的作用，这既是乡域内自然环境和资源共享、协调、有序发展和可持续发展的客观要求，也是乡域行政体制自上而下发挥组织管理和协调作用的最佳选择。

#### 2.村域层面

以“村域”为单位来组织“美丽乡村”建设工作切实有效。一方面，村委会作为我国地方基层选举具有法定的体制基础，在村民自治、村民权力保障等方面具有紧密的联系。来自全村的村民“一人一票”，从制度上促进了农村社区的“社会资本”建设，形成了利益共同体。因此，“村域”层面有利于组织乡村社会自治和社区发展。另一方面，乡村社会长期以来形成的以血缘、亲缘、族缘等家族关系为纽带的社会群落，以及社会群落所产生的对于“村域物质边界的空间领域感，通过传统农耕生产活动和民俗文化活动传递、传承至今，已经塑造了代代相传的社区归属感和认同感。在一些农村地区，“村域”范围内村民的这种归属感和认同感，通过设置在村里的庙宇、道观等宗教场所内每年约定俗成的活动，得以凝聚和强化，成为乡村社会文化特色的重要内容，也成为“乡愁”的精神内涵之一。

因此，从这个意义上说，在村域层面重点组织推进“美丽乡村”的社会文化发展更为有效。

3. 村庄层面

从“村庄层面”来实施“美丽乡村”建设工作具有突出的近期成效。一般来说，村民住宅和公共设施较为集中在村民委员会所在的村庄，便于实施物质空间环境的改造，便于配置必要的公共服务设施，市政基础设施（如供水、污水处理、电力、电讯、北方地区的集中供热，以及垃圾收集处理等），将更好地服务村民居住，方便生活，并使得设施配置的效率更高。同时，“村庄层面”空间环境的改善将产生直接的环境美化作用，增强村民建设“美丽乡村”的信心和家乡自豪感，反过来也促进了在外经商的村民投资家乡发展经济的意愿，为培育乡村自身的“造血机能”带来更多的资源。乡村自身的产业经济一旦走上良性发展循环，就业岗位增加，在外打工的农村青年就会产生回乡发展的愿望。当一部分农村年轻劳动力开始返回乡村时，农村“留守老人、留守儿童、留守妇女”的“三留”社会问题也可同时得以解决。

此外，“村庄层面”空间环境的改善，也将直接给社会文化的建设发展提供物质条件。例如，目前在浙江省农村开展的“乡村文化礼堂”项目建设，就可以结合“村庄层面”物质空间环境的改造得以实施。通过对“村庄层面”原有公共建筑和场地的改造和再利用，既不必占用基本农田，又可以使得原有被废弃的公共建筑和场地得以活化、再生。

因此，“村庄层面”重点加强“美丽乡村”空间环境建设更为有效，具有较好的可操作性。

（五）美丽乡村建设的原则

1. 适合环境原则

适合环境原则是开展美丽乡村建设的基本原则。从我国海拔特征来看，自西向东分为三级阶梯状，即根据平均海拔高度将地形地貌划分为山体、丘陵及平原三个基本类型。其中，平原地区地貌还分为水网、湖泊等不同类型。所以，不同地形、地貌的乡村，村庄类型具有较大的差别。美丽乡村建设应根据当地的自然地形、地貌条件因地制宜。具体策略如下。

①千万要避开地质灾害等不利因素的影响，避让不利于乡村建设的用地，

做到选址科学合理。对于已经建设的村庄，应消除地质灾害隐患。

②在安全选址的前提下，应进一步重视适合乡村建设的用地环境，做到节省用地。把乡村建设的用地规划与节省用地有机结合起来，根据地形地貌特征和现状布局条件，采用集中或者相对分散的布局形式。在平原地区不宜采用分散的布局方式，在山地或丘陵地区不宜采用集中成片的布局方式。

③差别化发展。根据环境特点和乡域或镇域总体规划要求，有的乡村要重点发展建设，而有的乡村要控制建设发展规模，甚至还有的乡村不再作为发展的选择，切忌不分重点“一刀切”的建设。

特别是在村庄村民点合并方面，更要慎重区别对待。对于平原地区的乡村，由于早期生产力水平较低，以人力、畜力为基础的耕作特征决定了村民出行劳动的距离，导致村庄规模小，数量多，布局较为分散。如今现代农业生产力水平有了很大发展，耕种的机械化使得农业生产规模化。遵照“生产力决定生产关系”的理论，现代农业生产力水平的提高决定了乡村村民居住社会关系的转型，适当合并原来分散布局的村庄就有其必然性。但是，合并村庄时千万不能“一刀切”，尤其要注重那些虽然规模小但有历史文化遗产价值的村庄。避免在发展过程中破坏历史文化遗存。

④利用好自然地形地貌的景观特征，奠定建设具有地方风貌特色美丽乡村的环境基础。切忌不顾环境条件进行规划建设，切忌粗暴地“削山头、填水塘、移大树”，人为破坏自然地形地貌等宝贵的生态环境格局，从而造成不可挽回的生态破坏。我国建筑气候区划把全国的气候区划分为7个大的片区，各气候区内又划为次级分区，总共有20种不同的气候类型。这些类型特征对我国广袤乡村地区的村民住宅建筑设计和布局来说，有着重要的指导意义。乡村建设应适合当地的气候环境，在符合科学规划布局的基础上，保护并传承地方特色。

2.适用技术原则

适用技术原则是美丽乡村建设的重要指南。适用技术的概念可以表述为：因地制宜地采用地方传统技术优势、地方材料和建造工艺进行建设。采用适用技术的主要目的就是要避免不顾当地生产力水平和经济条件，采用虽然先进但十分昂贵的技术。我国东部地区和中、西部地区的整体经济发展水平差异较大，各地区的乡村经济发展水平差异更大。经济发达地区的乡村，太阳能屋面板可以结合公共设施的屋顶，大面积设置以获得集中供应热水。屋顶的雨水可以通过集中收集之后作为浇灌等使用。而这对于落后地区的乡村来说，上述技术的初次投资成本较大，有些设施在建成之后日常运营和维护的成本较高。因此，应提倡适用技术解决乡村建设发展的需求。对于村民住宅的建造也是如此。村民住宅建造量大面广，住宅墙体建筑材料与技术是生态节能发展的关键所在，应根据各地不同的气候条件，分别采用符合地方建筑材料和建造工艺特点的方法，对墙体与屋顶面的保温、隔热、防水等方面进行适用技术处理，达到“价廉物美”的成效。

3. 适宜人居原则

适宜人居原则是美丽乡村建设的核心价值。美丽乡村建设的根本目标是为了“人”的发展。乡村公共基础设施的建设将是保障乡村人居生活质量的重要条件。乡村公共基础设施包括生活和市政两个部分。其中，生活部分是指基于村民点的日常商业、文化活动、村庄管理、基础教育医疗等主要内容。市政部分是指村庄道路、给水、污水收集和处理、电力照明、通讯、环卫等主要内容。由于我国东部和中、西部乡村经济发展水平差异较大，一些贫困地区的村庄还未做到公共基础设施建设的保障。一些村庄仍然存在道路泥泞、垃圾随意堆放、污水自流的现象，乡村生态环境和村民生活质量每况愈下。有些问题是由于一些村庄工业项目的污染造成的灾害，同时也反映出乡村市政基础设施的严重缺失。党的十八大报告指出：“着力在城乡规划、基础设施、公共服务等方面推进一体化，促进城乡要素平等交换和公共资源均衡配置，形成以工促农、以城带乡、工农互惠、城乡一体的新型工农、城乡关系。”所以对于我国当前美丽乡村建设，应努力做好乡村公共基础设施规划建设，切实为乡村人居的可持续发展打下扎实基础。

总之，在当前“美丽中国、生态发展”的总体目标指引下，美丽乡村建设迎来了前所未有的发展机遇。本着“适合环境、适用技术、适宜人居”的“三适原则”，因地制宜，分类指导，努力探索，积极实践，中国美丽乡村建设一定能走出一条符合国情和地方实际的可持续发展之路。

## 第二节　美丽乡村建设的意义

### 一、推进农村生态文明建设

随后，农业农村部组织开展了“美丽乡村”创建活动，重点推进生态农业建设、推广节能减排技术、节约和保护农业资源、改善农村人居环境，在农村地区开展建设美丽乡村的具体行动。

加强国家木材战略储备基地和林区基础设施建设，提高中央财政国家级公益林补偿标准，增加湿地保护投入，完善林木良种、造林、森林抚育等林业补贴政策，积极发展林下经济。继续实施草原生态保护补助奖励政策。加强农作物秸秆综合利用。搞好农村垃圾、污水处理和土壤环境治理，实施乡村清洁工程，加快农村河道、水环境综合整治。发展乡村旅游和休闲农业。创建生态文明示范县和示范村镇。开展宜居村镇建设综合技术集成示范。

## 二、缩小城乡发展差距

尽管改革开放以来农村积极有为，切实把城乡统筹作为重中之重来抓，乡村面貌发生了根本性的变化，但比起城市日新月异的变化，农村发展依然滞后，依然存在一些问题。

第一，农村环境日益改善，实现从脏、乱、差到硬化、净化、美化的转变。“十一五”以来，全国各级财政大力投入资金开展清垃圾、清河道、清路障、清露天粪坑、清闲置宅基地等村庄整治活动。尤其是“十二五”以来，各地美丽乡村建设和美丽宜居示范村建设都取得了积极的成效。

第二，农村医疗保险逐步与城镇医疗保险接轨，实现从看不起病到看得起病的转变。2013 年新农合制度与上一轮相比，筹资标准和保障水平提高，补偿范围进一步扩大，扩大了参合人员就医的自主选择权。

第三，养老保险走向全覆盖，逐步实现从家庭养老到社会养老过渡，不仅标准有所提高，还建立了高龄老人补贴制度。

第四，把脱贫攻坚与推进城镇化和产业发展相结合，乡村品质发生了巨大变化，但是城乡统筹发展的形势依然严峻，任务依然艰巨。

要想使这种情况得以改善，就必须使城乡发展一体化快速发展起来，坚持把基础设施建设和社会事业发展的重点放在农村，坚定不移地缩小城乡发展差距。

## 三、引入社会资本参与农村建设

在经济发展新常态下，面对国家财政收入增幅放缓的新变化，如何建立长效稳定的投入机制，确保新农村建设资金的丰富来源。解决这一问题的出路是，充分调动社会各方面的积极性，拓宽农村建设资金来源渠道，用财政杠杆撬动社会资本投向农村建设。

2015 年中央一号文件进一步明确了鼓励社会资本投向农村基础设施建设和在农村兴办各类事业的举措。一号文件提出，对于政府主导、财政支持的农村公益性工程和项目，可采取购买服务、政府与社会资本合作等方式，引导企业和社会组织参与建设、管护和运营。

对于能够商业化运营的农村服务业，向社会资本全面开放。社会资本可以进入哪些领域，在已有政策的基础上，进一步明确“健全社会扶贫组织动员机制，搭建社会参与扶贫开发平台”“支持建设多种农村养老服务和文化体育设施”“吸引社会资本参与水利工程建设和运营，鼓励发展农民用水合作组织，扶持其成为小型农田水利工程建设和管护主体”“吸引社会资本参与碳汇林业建设”，同时要求，“激发社会组织活力，重点培育和优先发展农村专业协会类、公益慈善类社区服务类等社会组织”。

引导和鼓励社会资本投向农村建设，需要配套优惠政策。一号文件对此做出明确规定，制定鼓励社会资本参与农村建设目录，研究制定财税、金融等支持政策。探索建立乡镇政府职能转移目录，将适合社会兴办的公共服务交由社会组织承担。

### 四、建设美丽中国

“中国要美，农村必须美”，农村环境一旦被破坏，再恢复会很难。农村的美一旦消逝，社会经济发展将会遇到前所未有的困难，美丽中国也将只是一个传说。美丽农村是中国美不可或缺的重要组成部分，只有城乡共荣发展，才能真正实现民主富强的中国梦。

在中国经济发展步入新常态的背景下，2016 年中央一号文件继续锁定“三农”，表明“三农”问题在中国“重中之重”的地位非但没有弱化，反而更为加强。目前，中国正处于建造城市化和建设高加索社会的关键阶段。

随着经济社会的发展和人民生活水平的提高，农民对生活环境的需求越来越高，特别是在物质生活富裕和生活环境恶劣、精神生活相对匮乏之间存在着惊人的反差的情况下，改善农村人居、建设美丽城市显得尤为重要和紧迫。

## 第三节　我国乡村建设的未来发展趋势

### 一、我国乡村建设的发展趋势

基于城乡一体化和新型城镇化的国家战略要求，我国的乡村建设将长期作为社会主义事业的重要内容。根据 2015 年 11 月中共中央办公厅、国务院办公厅印发的《深化农村改革综合性实施方案》，未来我国农村仍将面临全的深化改革，改革方向涉及农村集体产权制度、新型农业经营体系、农业支持保护制度、城乡一体化体制机制等方面。2017年10月，十九大报告提出了实施“乡村振兴战略”的总要求，即：坚持农业农村优先发展，努力做到“产业兴旺、生态宜居、乡风文明、治理有效、生活富裕。”这是在深刻认识城乡关系、变化趋势和城乡发展规律的基础上提出的重大战略。乡村不应再处于从属地位，而是应该和城市处在平等地位，与城市发展互相联系、互相促进。城市和乡村是命运共同体。

现阶段乡村功能已由传统城镇化时期单一提供农产品，拓展提升为生态保护、文化传承教化、人居环境和产品生产的复合。乡村所承载的功能越来越多，所要满足人们的需求也越来越多，因而，集约高效的乡村生产空间、宜居适度的乡村生活空间和山清水秀的乡村生态空间将是未来乡村的总体面貌，“看得见青山绿水，记得住乡愁”也将会是乡村的整体特征。

全球的供给和需求的结构，在全球经济再平衡、产业格局再调整大环境的驱使下，国际市场竞争更加激烈，庞大生产能力与有限市场空间的矛盾更加突出，我国面临着产业转型升级和消化严重过剩的巨大挑战，未来的乡村经济将持续进行产业结构优化升级，新型农业经营主体会成为乡村产业发展的主体力量，以实现现代农业体系构建和一二三产融合发展。

随着乡村规划体系的不断完善，相应的乡村规划标准也将作为考察美丽乡村的标准而不断规范化。村民对于乡村有足够的话语权，乡村治理制度会不断完善。政府、村民等多元主体合作治理，为建设产业持续、社会和谐环境宜居的乡村注入不竭动力。

综上所述，我国美丽乡村发展的总体趋势呈现为四点：乡村功能综合化，乡村环境绿色化，乡村经济多样化及农业现代化，乡村社会治理结构多元化。

## 二、未来我国乡村建设的发展模式

### （一）产业发展型模式

据以往的调查以及经验所知，沿海地带的经济发展一般会发展得比较快又好，因此，对于我国乡村建设来讲，东部沿海等经济相对较为发达的地区比较适合乡村的产业建设，这些产业建筑是具有乡村特色的，而且初步形成了“一村一品”“一乡一业”模式，形成了农业聚集生产、经营模式农业化的新局面，农业链条得到不断地延伸，产业带动效果显著提高。

### （二）生态保护型模式

生态保护模式是我国未来乡村建设中的一大亮点。其主要是针对一些生态较为优美、环境污染较少的地区。换而言之，是一些自然条件优越、森林密集、水资源丰富，且具有传统的乡村特点、田园风光等的地区，就是将这些资源优势转化为经济利益的最大化。

（三）文化传承型模式

主要是在具有特殊人文景观的地域开启文化传承模式。一般包括古村落、古建筑、古居民，或者是一些具有传统文化的地区。文化传承型模式的特点主要是具有丰富的乡村文化资源，具有优秀的民俗文化或是非物质文化，其在文化发展和传承方面的潜力是相当巨大的。

（四）渔业开发型模式

在沿海及水网地区发展传统渔区，该产业主要以渔业为主，增加渔民的平均收入，利用渔业促进我国的就业，带动农村经济的快速发展，使渔业占领农业产业的主导位置。

（五）草原牧场型模式

由于我国牧区、半牧区草原牧场资源相对来说比较丰富，占全国国土面积的 40% 以上，所以该模式主要开设在我国牧区、半牧区县。草原畜牧业是该牧区经济发展的基础产业，同时也是牧民收入的主要来源。

（六）环境整治型模式

环境整治型模式主要开设在农村脏乱差问题突出的地区，其特点是农村环境基础设施建设滞后，环境污染问题严重，当地农民群众对环境整治的呼声高、反应强烈。

（七）休闲旅游型模式

休闲旅游型的美丽乡村模式主要设在适宜发展乡村旅游的地区，其特点是旅游资源丰富，住宿、餐饮、休闲娱乐设施完善齐备，交通便捷，距离城市较近，适合休闲度假，发展乡村旅游潜力大。

（八）高效农业型模式

主要在我国的农业主产区，其特点是以发展农业作物生产为主，农田水利等农业基础设施相对完善，农产品商品化比率和农业机械化水平高，人均耕地资源丰富，农作物秸秆产量大。

## 第四节 美丽乡村建设的现状

### 一、美丽乡村建设的现状概述

美丽中国既要求自然之美，也要求社会之美，既要求城市之美，也要求乡村之美。中国是个农业大国，农村人口众多、基础薄弱。中央农村工作会议多次指出，我国农业农村发展正在跨入一个崭新的阶段。在此期间，农村社会结构加速转型、农业综合生产成本的上升、多地少水的矛盾加剧，农产品需求总量刚性增长、消费结构快速升级，农业对外依存度明显提高，保障国家粮食安全和重要农产品有效供给任务艰巨。农村劳动力大量流动，农户兼业化、村庄空心化、乡村人居环境质量较差，劳动力老龄化趋势明显，农民利益诉求多元化，加强和创新美丽乡村社会管理势在必行。农业环境污染严重，农业资源保护亟待加强。国民经济与农村发展的关联度显著增强，农业资源要素流失加快，需要建立一个平等交换的城乡要素机制迫在眉睫，要缩小城乡地区之间的区域发展差距和居民收入分配之间的差距。

就目前而言，我国农村发展及美丽乡村建设过程中所遇到的问题主要有：农村生态环境日益退化、城乡要素流动不协调、古文化遗产保护不到位、文化传承濒临灭绝等。

### 二、美丽乡村建设面临的问题与挑战

#### （一）美丽乡村建设面临的问题

1.城乡要素流动不协调

（1）人口快速城市化

自改革开放以来，我国城镇化发展进程脚步加快，城镇化水平相继提高。由于受到不同程度人为因素的影响，导致城镇化速度等呈现虚高的情况。

自改革开放至今日，已经有成千上万的农民背井离乡向城市新市民身份转型，然而在这个大批农民加速市民化的进程中，农民工群体的身份在社会上来讲相对来讲比较复杂，他们既不是传统意义上的城镇居民，又不是传统意义上的农村居民，这样一种较为特殊的群体，他们在城市居住时面临着收入不稳定、社会保障缺失、居住条件相对恶劣等诸多问题。

（2）土地高速非农化

随着我国城乡化和工业化进程的快速发展，乡村土地非农化和非粮化在该

过程中严重导致了可耕地面积的减小，尤其是以黄淮海、东南沿海和长江中下游地区较为明显。

大量农村集体土地在土地高速非农化过程中被征用，这样一来，农民便失去了生活的基本保障，变成了失地农民，形成新时期新兴的“三无农民”，即无地、无业、无保障，这一特殊群体，在城乡结合地带尤为明显。

在我国城镇化发展结构快速演变的驱使下，失地农民问题的地点也发生了一定的变化，正在由东部沿海地区转向中西部地区，尤其是处于平原地带的农区，可耕耕地面积越来越小，人口却一直不减，城市面积的不断扩大直接导致了“城进田退”这一现象。在此过程中，保护农民的合法权益是最令人关切的问题。

近年来随着以企业为导向的农村的崛起，部分企业巧妙地利用村庄整治与美丽乡村建设的商机，农村土地与农村集体共同开发，农民从中得到了一定的土地增值收益，然而，随着农村的发展，农民的命运被全部寄托在了企业经营上，正是如此，他们便需要经受更多、更大的风险和考验。

（3）农村快速空心化

自改革开放以来，我国农村人口的快速非农化转移致使农村常住人口逐渐减少，农村经济快速发展和农民收入水平提高促使农村的住宅空间发生了巨大变化，农村建设用地“外扩内空”的现象日益凸显。受城乡二元体制影响，加之多数农村地区缺乏合理规划，宅基地管理基本上处于无序状态，“一户多宅”现象普遍，导致农村居民点用地不减反增。

2.地域空间格局不平衡

受自然资源禀赋、地理区位、历史基础、经济发展水平等因素的影响，我国人口分布、城市群分布等地域空间格局极具不平衡性。突出表现为我国的优质耕地与人口分布、城市聚集区在空间上高度重叠。

美丽乡村和美丽乡村建设不应割裂城市与农村，应把农村和城市作为一个整体来考虑，以城带乡，以乡补城。城乡居民收入差距的进一步扩大不利于美丽乡村建设，同时美丽乡村建设不能局限于乡村系统的自我完善，而应顺应城乡一体化发展的历史趋势。

### （二）美丽乡村建设面临的挑战

1.“乡村病”亟待根治

（1）农业生产要素高速非农化

数千万失地农民、“离村进城”的数亿农民工，以及靠贷款上学、毕业即待业的数百万农家学子组成的“新三农”群体都是由于城镇化耕地流失速度过快而造成的，他们之中的大多数成了“城乡双漂”，没有较为稳固的居所，已经成了社会稳定与安全的特别关注对象。

（2）农民社会主体过快老弱化

我国农村已经开始进入老龄化时期，因为大批农村青壮劳力都转移到城市中，成了非农化群体，这是加剧农村人口老龄化的主要原因。与此同时，部分乡村的文化也随之衰退，产业随之衰落，“三留人口”难以支撑现代农业与美丽乡村建设。无人再去耕地，土地也因此被荒废。

（3）农村水土环境严重污损化

在城镇化、工程化快速发展这一大环境的驱使下，社会经济的转型、区域要素重组与产业重构，特别是乡村要素非农化，使农村的资源受到损耗、环境被污染、人居环境质量恶化。处于大城市周边近郊的部分农村污染较为严重，致使河流与农田污染事件频频发生，一些地方甚至成了“癌症村”，这证明了百姓健康已受到了严重的威胁。

从整个历史发展历程来看，快速城镇化是引发“乡村病”的导火索，这是一种新的城市化形式。目前，尤其需要正视问题、周密谋划、做好顶层设计，明确根治策略。应对城乡转型挑战，根治“乡村病”，要建设成为一种新型的城市化和美丽的农村建设，并需要不断探索和解决新一课题。

2.农村基础设施亟需完善

对于美丽乡村建设而言，需要对乡村环境、农村产业的发展、农民的增收状况、公共服务质量及基础设施保障等项目进行关注。

说起发展现代农业及建设美丽乡村重要的物质基础，非农村基础设施建设莫属。农村基础设施建设发展的顺利与否、质量好与坏，大部分原因来自资金投入的多少，我国农村基础设施建设的资金主要来源于政府财政支农资金。由于政府资金投入交易成本过高，以至于影响了财政支农政策的效果。

目前，资金投入不足、布局不合理等问题已成为我国农村基础设施建设的主要问题。部分地区建设较为优越、完善，而部分地区的相应基础设施建设相对滞后，这一问题主要归于以下几点。

（1）发展模式不科学

在改革开放之前，我国的发展战略主要以“重城轻乡、重工轻农”为主，采取“多取少予”的农村和农业发展政策，再加上受到城乡二元结构的影响，农村基础设施建设所获资金支持有限，“自给自足型”是目前农村公共产品供给的主要模式，城乡基础设施间的差别还是很大的。

虽然国家在近些年已经加大了对农村供给基础设施建设各方面的投入力度，但由于之前的底子薄、基础设施差，以至于目前农村公共基础设施供给能力还处于不能满足广大农民生产生活和美丽乡村建设需要的阶段。

（2）投资体制不适宜

建设资金不足，投资渠道的过度单一也是美丽乡村建设所面临的一个现状。据相关数据统计，以全社会人均固定资产投资额作为参照，城镇是农村的 7 倍，财政预算内投资，城乡差距已经超过了 10 倍，由此不难看出，农村基础设施建设的资金投入是严重不足的。

（3）管理机制不完善

自改革开放以来，大部分村镇建设都没有较为统一的规划，也没有统筹协调，这便阻碍了农村生活基础设施的分散或重复建设，并在一定程度上拉低了农村环境治理的效果。

所以，要想使农村基础设施建设更为顺利，效果更佳明显，就需要建立均衡的、城乡一体化的基础设施供给制度，建立自下而上的农村基础设施决策机制，使农村基础设施供给主体和资金渠道实现多元化。

3. 古村落文化遗产的保护与传承

在以往 30 年间的城市化快速进程中，由于相关法律法规及管理并不是很完善，以至于大部分传统村落、旧街道、街区、历史遗存、古建筑被城市扩张、乡村城市化的辐射所影响，从而面临着严重的危机。

据相关调查，2004 年，在我国黄河、长江流域这两个颇具历史、地域、民族文化和建筑艺术研究价值的传统村落，共计 9806 个，到了 2011 年已经减少至 5603 个。

而根据我国城乡建设部及住房数据统计，在以往几十年的城镇化、工业化过程中，传统村落的数量在逐渐减少，目前数量已仅占全国行政村总数的 2.0%。我国悠久的农耕文化起发源地在农村，换而言之，传统的古村落传承了中华民族的历史记忆、文化艺术、生产生活智慧结晶和民族地域特色，寄托着中华儿女的乡愁，维系着中华文明的根。所以，传统村落的命运关系着中国传统农耕文化的命运。

由此可见，如何在快速城镇化过程中守住乡愁、保护和传承非物质文化遗产亦是美丽乡村建设亟待破解的难题。

# 第二章　美丽乡村建设的主要内容

美丽乡村建设是促进现代农业发展、改善人居环境、保护生态文化遗产等方面的城乡一体化发展，是农民对美好新生活的向往。美丽乡村建设是一个系统性工程项目，与农村及农业的各个方面都是有一定关联的。美丽乡村建设应坚持“经济致富、生活安居、环境绿色、社会和谐、文化多样”的思路，为乡村可持续发展筑牢根基。我们相信，在不久的将来，乡村将向我们呈现一幅异彩纷呈的乡村美丽画卷。

## 第一节　经济致富

### 一、产业结构的合理性

农村产业的发展是美丽乡村建设的基础，假如没有相关农村产业、经济的依托，美丽乡村就成了人们心目中的一个美丽的童话世界。美丽乡村建设中“建设”重点强调的是农村产业的发展。我们这里所说的产业发展，除了要重视农村的经济总量外，还应该重视产业结构，强调产业结构的合理性。

#### （一）促进主导产业发展

美丽乡村建设需依靠农村的主导产业。依据农村传统产业发展的特点，以及农村产业的特色，发展和培育现代农村的主导产业（如农业、农产品加工业、休闲旅游业、生产服务业、制造业等）。我国幅员辽阔，不同地区的经济发展水平差异很大，资源要素条件也有所不同。因此，主导产业的选择应以地方资源禀赋和区位优势为基础。一般说来，在传统农业地区，主要发展现代农业和农产品加工业和销售业，重点发展新型、优等、特色农业产品。在自然资源丰富的地区，主要发展资源的保护性开发利用，发展生产性服务，以提高附加值。在郊区，主要发展生活服务和休闲观光农业，扩展农业在传承农业文明、保护生态环境、体验农业娱乐等方面的作用。“一村一品”的成功经验表明，要实现美丽乡村的建设，一个村至少需要一到两个主导产业，以便可以为当地经济发展和农民增收提供有效的产业支持。

（二）发展产业化经营

无论是从目前来看，还是从未来长远性来看，农业都是农村发展中最重要的产业。发展农村的产业化经营，扩大农村的产业链，是美丽乡村建设和增加农村农收入的重要工作之一。产业化经营的关键是要有“龙头”的牵引和带动，使农民能够共享产业化的增值效益。“龙头”的形式多种多样，既可以是农产品加工配送企业或服务性公司，也可以是农村合作社、专业大户、家庭农场，还可以是农村集体经济。通过龙头企业与农户建立产销协议，以及二者之间的利益联系，形成利益共享和风险共享的利益共同体，发展农产品加工和产后流通，形成以产品为主体的产业链，即生产、储存、运输、加工及流通的产业链条。从农村地区来看，通过产业链的延伸，形成上下游协作，并紧密配套的产业集群，可以提高产业的辐射驱动能力和市场竞争力，并将逐步促进餐饮、住宿、日用百货等服务业的发展，以及小城镇的建设。我们认为，美丽乡村建设，必须依靠农村新型的农业经济主体。例如，龙头企业和农民合作社等。只有这样，才能初步形成农业产业化集群，促进美丽乡村建设工作的开展和实施。

（三）提高经济和社会发展水平

为了在区域内起主导作用、示范作用和扩散作用，美丽的农村要求其经济社会发展水平应在区域内处于领先地位，并且可以为周边地区的发展提供典型。我们认为，美丽乡村建设，当地经济社会发展水平较高，产业定位符合资源节约、环境友好、科技驱动的发展方向，它体现了人文、科技和绿色的特点，并且生产、生活、生态功能都得到了全面拓展，第一、第二和第三产业相互融合，第二、第三产业产值比重明显高于县级或类似地区的水平，使得农民就业更充分，收入更高。

## 二、生产方式的创新性

美丽乡村建设中“建设”应有之意，除了强调产业结构的合理性，还应注意生产方式的创新性。生产方式的创新性主要包含以下三方面内容。

（一）现代化的生产技术

所谓现代化，除了使用先进的、科学的生产技术外，还要重视生产技术与当地地理条件和产业特点的适应性，并相互结合。采用科学、先进、适用的技术和设备，可以提高农业生产效率，并促进农业生产经营管理。比如，在大田作物上，要更多地注重使用良种、环保农药和肥料及适用机械设备；在体验农业上，要更多地注重传统农艺与现代投入品的结合，既做到传统农耕文明的传承，又能实现经济效益；在生态农业上，除了要减少化学产品的投入及使用，加大对有机肥料和绿色农药的使用率外，还要提高对农业生产废弃物的综合利用率，并发展循环经济，注重生态环境保护。除此以外，还要采用科学、合理、先进的组织管理准则或是规章制度，提高生产经营的管理水平和生产技术的科学化、信息化。建设美丽乡村，应在适宜机械化操作的地区，使机械化综合作业率达到 90% 以上，良种使用率达到 90% 以上，农业和畜牧业生产环保达标率为 100%。

（二）集约化的生产经营

长期以来，农业经营规模小、投入不足是制约现代农业发展的关键因素，导致农业粗放经营，发展水平较低。如若想要改变这种现状，改变农村分散式、规模小的农村生产方式，就必须积极地促进农业零散式的土地转向专业大户、家庭承包、农民合作社、农业企业等现代新型的农业经营主体模式发展，开展形式丰富、多样化，并适合农村生产经营发展规模程度的模式，提高土地使用效率和劳动生产效率。要想改变以往的粗放式的生产经营模式，就必须在农产业的单位面积上投入社会生产经营活动时所需要的各种社会资源，并对其进行合理配置使用，以促进农业经济的产业发展和农民的收入。我们认为，建设美丽乡村，土地流转比率应达到 30% 以上，土地规模经营的比重要高于当地的平均水平，现代农业发展状况良好，农产品单产水平和经营效益高于同类地区的发展水平，专业大户、家庭农场、农民专业合作社等新型农业经营主体应成为商品化农产品的重要供给主体，生产的农产品占全部农产品的 1/3 以上。

（三）标准化的生产过程

标准化生产是保证农产品质量安全的重要前提，也是提高农产品质量和效益的重要途径。在农产品的生产过程中（即生产、加工、销售等过程），务必按照国家的各项标准对其进行规范管理，以使农产品的生产过程更为标准化、规范化、系统化和科学化，提高其自身的质量和市场竞争力。严格执行并遵守“坚持增产增效并重，支持良种良法，农机与农学相结合，生产与生态相协调”的规范要求，促进农村产业的发展，进一步推进农业生产的一体化、机械化、信息化和规范化，完善农业生产基础设施的配套，广泛推广标准化生产技术。我们认为，在美丽乡村建设中，标准化基地面积应占总基地面积的 80% 以上，标准化技术普及率应达到 90% 以上，有超过两种拥有质量安全认证的产品（如绿色食品、有机食品和地理标志农产品等），产品无污染率达到100%，未发生农产品质量安全事故。

## 三、资源利用的高效性

美丽乡村建设中“建设”应有之意，还要求我们注意资源利用的高效性。如何才能做到资源利用的高效性主要从以下两点内容出发。

### （一）重视资源的节约与高效利用

通过提高外部资源投入的使用效率或质量，减少农业生产投入，实现水、肥、药、电、地等资源的节约与高效利用。其具体实施方式主要包括：①在集约高效利用土地方面，通过加强标准农田的建设、土地整理和中低产田改造，改革和创新传统农作制度，提高土地利用率；②在发展节水型农业方面，通过加强农田水利基础建设，完善农田沟渠排灌系统，推广喷灌、滴灌等农业节水灌溉技术，有效节约水资源；③在提高农业投入品利用效率方面，推广测土配方施肥，推广高效、低毒、低残留农药，科学使用良种，推广使用可降解农膜和加强农膜回收，促进肥料、农药、种子和农膜的节约高效利用；④在发展节能型农业上，推广应用节能增效农机设备、技术，扩大太阳能在农村生活中的应用，集约、节约使用能源。我们认为，在美丽乡村建设中，土地产出率、水资源利用率、农药化肥利用率和衣膜回收要高于本县域平均水平，以建成农业资源，节约利用和高效利用的样板区域。

### （二）重视资源的循环与综合利用

资源的循环与综合利用，是指农业生产中的中间农业生产体系的改造，采用有效的循环经营方式，提高农业生产效率，实现单位产量所依赖的投入物的减少。资源的循环与综合利用，关键是加强各类农、林、水产品及其初加工副产品和有机废物的开发、重复加工和深加工，对农作物秸秆、牲畜废弃物和农产品加工余料进行再利用，并推进清洁化、资源化，促进农作物育种加工，废弃物减量化、无害化处理和资源化利用，提高资源利用效率，改善生态环境。我们认为，在美丽乡村建设中，当地资源综合利用率较高，利用率在95%以上的包括秸秆、农业投入包装、人畜粪便和无害化处理，死病畜禽占100%以上。无秸秆焚烧、畜禽粪便直接排放等非点源污染事件。

## 四、经营服务的全面性

美丽乡村建设中“建设”应有之意，还包括经营服务的全面性。所谓经营服务的全面性，主要包括较为完善的农业社会化服务体系和迅速发展的各类生产性服务。

（一）较为完善的农业社会化服务体系

农业社会化服务体系覆盖全过程、综合配套、便捷高效，是现代农业建设的有效支撑。其不仅要求公共服务机构要充分发挥其在公益领域的有效作用，还要求积极培育经营性服务机构市场在资源配置中的决定性作用。一般来说，公共服务机构在新品种、新技术示范、推广、统一农作物控制、区域疫病防控、产品质量监督等方面具有较强的公益性、外部性和基础性的领域，发挥着核心作用，同时，也鼓励和引导农业流通企业、农业机械服务队伍、农业技术服务公司、龙头企业、专业合作社等经营发展，充分发挥它们在农业供给、农业机械运行、产品采办和技术指导等方面的关键作用。我们认为，在美丽乡村的建设过程中，地方农业社会化服务覆盖三个以上的农业社会化服务组织，可以为生产提供其他更方便、更快捷更现代化的服务。

（二）快速发展的各类生产性服务产业

工业的发展，除了要跟上农业社会化服务的步伐，还要为农村中小企业、农民创业，提供技术研发、仓储物流、市场营销、土地流转、信息、金融、会计、法律等更加便捷的生产性服务。我们认为，要建设美丽的乡村，地方政府应积极构建技术研发推广平台、产品营销平台和土地流转平台，拥有完善的农村金融服务体系，提供适合农村产业发展的金融产品，兼具健全的农村信用体系，以及灵活的贷款担保和抵押机制，并在村级享受便捷的金融服务。随着农村贷款可得率的提高，咨询、审计、会计、法律等专业服务队伍也相对完善，使得农村产业发展具有良好的外部环境。

## 第二节　生活安居

### 一、多元的经济收入

中国要想富，必须先富农民。充分发挥农民大众的主体能动性，重视他们的心愿，着重解决他们最关心的问题和最为直接的现实和利益，引导农民自觉参与美丽乡村的建设。只有调动农民的积极性和经济繁荣，才能扩大美丽乡村建设的实际效果。《中共中央关于全面深化改革若干重大问题的决定》在党的十八届三中全会上中提到，要“赋予农民更多的财产权”，使农民展望美好的未来。美丽乡村建设，就是要千方百计增加农民收入，建设生态家园，凸显农耕文化，展示地方风土人情，促进城乡一体化，大力开发乡村旅游业。

农民的经济收入途径具有多元化的特点，其主要体现在以下四个方面。

### （一）家庭经营收入

在家庭经营收入方面：①当地农业生产水平较高，市场前景广阔，农业经营规模化、集约式标准化发展情况较好，农民务农收入日益有所提高；②凭借人的智力和学识，依托资源和地域优势，发展特色品种培育，进行商品化生产，积极调整农业产业结构，建设“一村一品”和“一镇一业”，形成一大批专业镇、专业村和专业户；③打造具有优势的区域性农产品品牌，形成一批具有较高社会知名度和美誉度的优质农产品；④改良种养品种，增加农产品科技含量，提高农产品附加值；⑤农民家庭经营收入平均水平多数已经高于县级，他们对改善生产和生活的愿望非常强烈，并且也具备改变生产和生活的投入能力。

### （二）工资性收入

从工资性收入方面来看：① 根据社会需求，通过有针对性的组织和开展对农村劳动力的职业教育、技能培训，提高农民人力资本水平、知识水平、技能水平，以进一步提高他们的就业能力、创业能力，使农民获得较高的工资性收入；②引导农民积极的就业或创业，可以选择外出，也可以选择在本地，为农民提供就业指导和服务，为农民创业提高良好的政策环境，工资性收入在农民人均纯收入中的比重达 60% 以上；③充分利用农村的优势，发展农产品加工产业和乡村旅游业等具有本地特色的优势农村产业，如此，便可为当地农民提供更多就业岗位，吸收劳动力留在当地就近工作，基本实现农村劳动力的充分就业。

### （三）财产性收入

关于财产性收入方面：①农村的集体经济实力雄厚，并且发展前景良好，财政收入等也相对稳定；②由于农民集体资产产权股份已经基本改造完成，促使农民成了农村集体经济组织的新股东，享有对集体资产股份占有、收益、有偿退出及抵押、担保、继承的权利，能从集体经济收益中得到比较稳定的红利收入，使农民拥有更多的财产权利；③农村产权流转市场比较完善，农村土地承包经营权、集体经济股权、农民住房财产权流转交易顺畅、规范，能够激活农村沉睡的资产，让资产变成资本，进而提高农民的财产性收入；④增加农民在土地征用后的增值收益分配比例，提高失地农民的生活水平和社会保障水平，让农民共享工业化、城镇化的成果；⑤金融机构为农民提供了便捷、安全的理财服务，可以保障农民的资金，并使其保值增值。

（四）转移性收入

有关转移性收入，各级政府，特别是地方政府给予了农民较大的支持，不仅使农民获得了更多的、更直接的资金形式的补贴，而且农村的医疗保险和养老保险水平也有了明显的提高。村级已成为财政资金项目的重要承担者，这都充分体现了工业反哺农业与城市支持农村发展的一体化目标，使得城乡收入差距控制在 2.5 ： 1 以内。

## 二、较高的生活质量

美丽乡村的建设，需要开展科学的、合理的发展规划，充分利用农村的优势条件，改善农民的居住环境和生活质量。

（一）科学合理的发展和建设规划

关注农民，帮助农民解决他们最关心的问题，真心实意地为农民服务，以及考虑农村的永久性发展，是农村科学合理发展和建设规划的重要研究课题。以农村为主体，进行政府援助，并积极地开展科学合理的建设规划，以提高农民的生活质量和居住环境。

1. 优化布局，分类改造

提高农民的生活质量和环境质量，要对农村的布局进行优化，分类改造。可以通过依托旧村改造、优化调整土地结构等方式进行分类改造。同时，还应合理布局村道，合理规划商业、教育、娱乐、医疗等公共基础设施建设用地的位置、大小、布局等。

2. 设施建设与环境结合

基础设施建设要与居住环境相结合，这就要求我们加强对农村居住设计和规划的指导。在建设规划中，要将严格控制居民住房占用和控制庭院用地边界相结合，并将非农业建设用地审批指标纳入土地使用审批程序，严格执行《土地管理法》。我国“一户只能拥有一个宅基地”的规定，严格限制了农村宅基地的面积。对废弃宅基地进行复垦还耕，有效地避免了土地资源的浪费，提高了村庄的土地利用率。

当然，上述规划行动应该让村民更好地了解批准规划的法律效力。村民有权依法制止违反规划、乱拆的行为，以法律为准绳，坚持实事求是改善农民生活质量和居住环境的基本准则。

## （二）先进的供水和排水系统

在中国多数的农村地区，一般都存在臭水沟、污水沟，它们的存在造成了农村的水污染和农民的饮水安全问题。在农村，臭水沟、污水沟多是用来排泄废水的，农村没有排泄废水的排水管道和完善的下水道系统，甚至根本就没有下水系统，为了图方便或者省事，村民们早已习惯于将废水倾倒到沟渠中。这些生产、生活废水大部分不经处理就直接被排入附近的水系统，村民们往往没有意识到随意倾倒废水的做法已经对人类健康造成了危害，也不会有意识去考虑这种行为对农村生活环境和自然环境所产生的不利影响。

解决污水处理问题的首要原则是生态化和资源化，建立统一的供水和排水系统是解决污水污染的有效途径，在相对落后的农村，在建立供水系统和排水渠道时，政府应加大补贴支持，实行统一规划。

### 1.采用分流或合流的排放体制

在农村地区，可以依据污染程度，对污水采用分流排放方式处理，将污水或是废水作为污水循环利用的对象，在对其进行处理后，再排到自然环境中。

### 2.集中或分散式污水处理

因地制宜。对于村落相对比较集中和经济条件相对较好的地区，采用集中铺设管道的方式将农村污水集中地收集到某一处进行集中处理；而对于那些错落较为分散、无法集中和经济较差的地区，采用分散式污水处理办法，对污水进行分散式的收集和处理。

### 3.采用形式多样的污水处理方法

①生活污水净化装置。这种装置结合了沼气工程，实现了污水利用沼气资源化的目的，这种处理方式多用于家庭的自行处理。②建设简易化粪池，或是建立沼气型的化粪池。在农村地表水系统丰富的地区，化粪池可用来进行人工湿地建设，这种处理方法不仅保证了饮用水的安全，而且将供水系统和排水系统分开，这对农村污水管理是非常有益的。

### 4.建设农村安全饮用水工程

在农村建设安全饮用水工程，除了要考虑农村的分布情况和地区水源问题外，还需考虑当地农村的经济条件等一些实际现况。对于村落分布集中，或者经济条件较好的地区，建设集中供水系统，将地表水和地下水作为水源。对于村落分布分散，或者经济条件较差的地区，可在当地通过打井实现取水的目的。

如果村庄的周围没有可用的水源，不论建设哪种的农村饮用水功能，每户都需安装家庭水质净化处理设备。

（三）清洁的乡村环境卫生

较高的生活质量需要清洁的乡村环境卫生，主要从以下两方面清洁乡村的卫生环境。

1.发展农村循环经济，进行清洁工程建设

清洁能源、沼气能源等项目是综合治理农村垃圾的一种依托工具。采用沼气技术对农村生活污水进行分散或集中处理，也可以通过安装太阳能热水器提高能源利用率。生活污水和垃圾的处理可以利用沼气池净化技术，同时沼气等清洁能源还可以用来烹饪、烧热水等，方便了农村的生产生活等活动。坚持垃圾的转化利用，使农村粪便、腐烂的果蔬、剩菜等得到妥善处理，转化为可用能源。对于不能回收利用的固体，可以将其作为道路施工中的铺面和填埋材料。通过这些措施，我们不仅可以最大限度地恢复现有资源，还可以提高农民的生活质量，有效地保护和改善农村的生产环境和生活环境。

2.垃圾综合处理，加强卫生管理

参照城市垃圾分类处理的方式，依据农村的实际情况，在农村实施物业管理和有偿包干相结合的形式，促进多元化的农村生态环境保护方式。针对垃圾，可以成立义务清洁队，或在房屋前后设置包装卫生、包绿化、包秩序的卫生“三包”等处理办法。同时，还可以定期检查健康管理情况，及时通报健康管理情况。通过借鉴城市处理垃圾的方法，完善城乡共享垃圾分类系统、垃圾处理系统、可回收资源回收系统，加强农村卫生管理，提高农村的环境卫生情况和农村对垃圾的处理效率。

## 三、优良的居住环境

从人居环境清新自然、住宅整洁舒适、居住节能环保、实现“清洁田园”四个方面来实现农民居住环境的优良舒适。

（一）人居环境清新自然

优良的居住环境需人居环境清新自然，其主要体现在以下几个方面。

第一，农民居住区的生态绿化设计符合人们的视野，无论是远观还是近看，都能使人融入进“绿色”的氛围，在视觉上体验到清、静、凉爽的舒适感。

第二，居住区与周边生态环境要和谐共处，在居住区内种植自然生态植等微环境，以利于居民在夏季避暑。

第三，居住区内的公共建筑和居住建筑设计要匹配、完善，建筑风格要简洁大方，并体现地方或民族特色。

第四，要保护乡村传统的风貌区和具有历史意义的街区，后期新建的建筑应与原有风貌相互协调一致。

（二）住宅整洁舒适

居民的住宅，无论是在选址方面、布局方面、形式方面，还是在材料和做法方面，都应符合当地农村生产生活的需求，并保持和弘扬当地的地方特色。优良的居住环境需住宅整洁舒适，主要体现在以下内容。

第一，农村居民住宅应让人感觉美观舒适，并且庭院设计合理，功能齐全，符合农村生产生活特点。建筑设计既要考虑日照、通风、防潮、保暖等适宜生活的问题，也要考虑农民的农作劳动工具、杂物摆放的存储用地和家禽饲养的场所用地，以及其他需用设施等的用地分布，要科学合理的规划住宅地的使用，充分尊重农村的意愿，禁止大拆大建。

第二，加强对农村的指导和规划，统一住宅地的整体风格，完善农村环境卫生设施，主要包括村污水、废水收集和处理系统、生活垃圾收集装置，以及物资存储运输系统等，积极开展改水、改电等利于环境优化的措施。在条件允许的情况下，可以根据当地农村生态环境的特点，依托水生植物，建设人工生态湿地的生活污水处理系统，对生活污水进行净化。

（三）居住节能环保

优良的居住环境需节能环保，其主要体现在以下几个方面。

第一，通过对农村居住地合理科学地规划布局，以及优化建筑设计和使用新型的节能环保材料，实现农村居住区的节能降耗目标，建设农村节能环保的建筑。

第二，居住区的整体布局（包括生态绿化、建筑设计、建材使用、环境通风、户型设计等方面）可以起到区域降温的效果，惠及社区人居避暑需要，并在适宜地区广泛推广和应用沼气、太阳能、风电等可再生资源。

第三，在农村居住区广泛使用省柴节煤的炉灶炕等生活节能产品。

第四，农家厕所、农家厨房清洁卫生化改造到位，全部村民完成改厕、改厨一系列改造。

（四）实现“清洁田园”

若想实现“清洁田园”，其采取的措施需分情况进行。

农村周边的生产企业都会或多或少的对农村生产环境和生活环境造成不利影响，乡镇企业及集约化畜禽养殖场集中控制污染，应对污染采取集中的治理。

现代的农业产业活动也会对农村的生产环境和生活环境造成一定的不利影响。可以通过优化、调整农业结构削减农业面污染，也可以发展绿色游记生态农业，提高农业生产环境的质量，还可以通过教育与宣传，提高农村保护环境的意识，以及促使农民使用先进的、科学的技术和绿色无污染的产品，引导农村接受农业清洁生产，并对其予以实施推行，发展生态农业和循环经济，最大限度地实现农业生产资源的循环利用和综合利用。

## 第三节　环境绿色

### 一、自然环境的较少破坏

在农村，自然环境包括水资源、土壤、空气和生态等。良好的自然环境是美丽乡村建设的“底蕴”。因此，在建设过程中，要降低对自然环境的破坏程度，甚至是零破坏，以维持环境绿色。

（一）农村能源得以节约开发

通过培育农村新型产业，增加农村对清洁能源和农村节能项目（例如沼气、太阳能、风能等项目）的推进、使用，以及加大农村对农业废弃物的能源利用，以促进农村的节能减排，实现优化农村能源结构和减轻农村环境压力的目的。

（二）农业水利建设得以完善

农村的农业水利设施得以建设完善，主要体现在以下几个方面。

第一，建造农村田间的微型节水系统工程和抗洪防旱系统功能。

第二，合理科学的农业种植结构。

第三，深化小型农田水利工程产权制度改革，探索非经营性农村水利工程管理体制改革办法，明确建设主体和管护责任。

第四，开展农村水能资源规划试点，实现水能资源开发使用权的有偿出让，促进农村水能资源丰富地区贫困农民的稳定增收。

（三）农村饮用水源地得以保护

一些地区的农村饮用水存在着高氟、高砷、高污染等水质问题，这些严重影响了人类健康，并且部分地区由于没有水源而严重缺水。农村饮水安全系统工程的建设，不仅解决了农村水质污染和缺水的问题，也解决了农村水饮用安全的问题。同时，对农村饮用水源地，也加强了保护。

### （四）农村生态得以保护和修复

从两个方面来分析农村的生态环境。

#### 1.农村自然生态保护

农村的自然生态环境得以保护，其主要内容有以下几点。

第一，重视自然的保护和恢复。

第二，保护和治理村庄现有水体，以恢复河流、池塘的生态功能，提高水体的自净能力。

第三，做好环境安全管理工作，严格控制转基因生物、外来有害入侵物种和病原微生物在农村的引进和推广。

第四，加强农村自然生态功能的保护，合理引导农村资源和环境的可持续发展，严格限制破坏生态功能产业的创建，乃至发展。

第五，发展农村生态功能产业。例如，农业、生态林业和生态旅游业等，这些产业的发展需依据各自资源禀赋的差异。

第六，生态保护项目应加强对区域自然生态系统的保护力度，以提高和改善区域环境质量。

#### 2.农村生态修复

修复农村受损的生态主要包含以下内容。

第一，建立健全的森林、草原和水土保护制度，多渠道筹集补偿资金，增强生态功能。

第二，保护天然林地，并退耕还林，对山区的林业产业的开发需保证合理性和发展的稳定性。

第三，草畜平衡制度得以落实，退牧还草成果显著。

第四，加大革命老区、少数民族地区、贫困地区的治理力度，通过推动生态清洁型系统功能，防御水土流失。

第五，在资源、能源丰富的地区，建立较为完善的水土保持生态补偿机制。

### （五）农村污染得以控制

农村污染主要包括工业和农业面源污染、畜禽和水产养殖的污染、农村生活的污染三个主要方面。

1. 工业和农业面源污染治理

控制工业和农业面源污染，主要采取以下有效措施。

第一，限制污染高、耗能高、物耗高的产业的发展，严格执行国家关于农村的环境准入规定。

第二，严格执行国家产业政策、环保标准，限制污染严重的设施的使用，对排污不达标的产业实行限期治理，甚者对其进行限产、限排处理。

第三，严惩高污染行业。例如，排污严重的小造纸厂、小水泥厂、小煤窑等。

第四，对长期超标排污的生产单位进行停产整治，同时关闭取缔治理无望的企业。

第五，对未批先建、未经验收擅自投产的建设项目进行停产、停建处理。

第六，推行秸秆还田，提高对秸秆的综合利用率，推进农村对有机肥料的接受度和使用率。

2. 畜禽和水产养殖污染治理

防治畜禽和水产养殖污染，主要采取以下措施。

第一，给予区内禁止开设的畜禽养殖场关闭或搬迁的期限。

第二，建设项目中防止污染的设施必须与主题工程同时设计、同时施工、同时投产使用，以确保排放污染达标。

第三，限期治理污染无法达标的畜禽养殖场。

第四，依据农村区域环境的实际情况，确定畜禽养殖场的建设规模，并建设乡村清洁功能，减少废物的排放。

第五，合理科学的处理畜禽的粪便。例如，依据农村土地的消纳能力，对粪便实施还田。

第六，依据农村水体的实际情况，控制水产养殖的规模、水量和种类。

3. 农村生活污染治理

治理农村生活污染，主要采取的措施包括以下几项。

第一，依据农村分布的实际情况和经济情况，对农村生产、生活产生的污水采取分散与集中处理相结合的方式。

第二，对有经济基础且人口较为集中的地区，加大农村污水处理设施建设，提高农村水质的安全性。

第三，在新村庄的建设规划中，必须有配套的生活污染处理设施。例如，水污染处理设施、垃圾污染处理设施。

第五，在农村实施城乡统筹的垃圾处理模式，提高对农村生产、生活所产生的垃圾的收集率、清运率和处理率，达到规模化消纳农村固体废弃物的目的。

## 二、生物资源的丰富多样

### （一）农业生物多样性

农业生物多样性与和农业密切相关，主要体现在农业产业结构、农业利用景观、农田生物和农业物质资源与基因四方面。

1.农业产业结构多样性

农业结构多样性反映的是一个地区农业生产的总体情况。它指的是农业、林业、畜牧业、副业和渔业的比重和结构状态。

2.农业利用景观多样性

农业利用景观多样性主要体现在农业利用景观类型布局的多样性，以及农业生态系统类型的多样性两个方面。

3.农田生物多样性

农田生物多样性主要是指农田生态系统中的作物、杂草、害虫等生物物种多样性。

4.农业种质资源与基因多样性

农业种质资源与基因多样性主要包括栽培作物、野生亲缘植物的遗传基因、野生亲缘植物的种植资源的多样性。

### （二）农业耕作系统多样性

农业耕作系统在不同的生境中是不同的。它们的形成和发展主要是依托于人类长期的培育、选择和适应。将水稻、蔬菜、饲料、绿肥、果树、经济林、鱼虾、畜禽等农村资源进行巧妙结合，使这些农村资源形成在遗传方面的多样性，构成了适应该地区的多种农业生态系统、农业景观。经过改良培育，它们具有很强的适应能力和自我可持续性，它们不一定能够保证产品的数量，但却可以保证产品的质量。如果能够提高和改善管理水平，产品的数量和质量也将有所提高和改善。

由于与野生亲缘植物和杂草亲缘植物的基因交换，农村的农作物品种资源丰富，成为当地保护农作物的最佳场所，有利于保护生物多样性，保持农民与土地的关系。此外，这些农作物品种的存在并不是孤立的，它们的可持续性与其所生活的流域内的自然植被或冰川密切相关。

### 三、生态景观的合理结构

农村的盲目建设导致农村面貌丢失，自然资源被无情的掠夺，开垦导致生态链条的脱节，致使原本脆弱的自然生态环境进一步遭到破坏。合理的生态景观结构花农村建设中尤为重要。

#### （一）能够保留村落肌理，更新表达形式

古老的乡村景观在其存在或表现的形式上突显出陈旧过时的状态，但这并不意味着其不值一钱，没有存在的意义。改变旧农村的秩序，改变落后的生产生活观念是新农村景观规划、建设的目标。因此，原始的村落肌理和生态群落格局，以及原始的村落风貌等都是新农村景观规划、建设中的宝贵资源。我们可以通过合理科学的设计将这些宝贵的资源有序地整合连接起来，实现对它的更新和特性保存。

#### （二）能够保留农田肌理，更新农业景观格局

农村是一个与城市不同的复杂社会，农业产业经济才是农村的经济基础。在农业产业发展良好的基础上，结合农村原有的产业活动，建立农业景观规划，并积极发展其他的产业模式。在一定的条件下将其转为景观材料，以提高其的景观价值和经济价值，从而为农村带来新的发展机会。

#### （三）能够保留乡土文化，更新景观品质

农村原始风俗和民间信仰不仅是农民生活中的一种习惯性乐趣，同时也是一种具有地方传统意义的文化内涵，更是农村文明长期发展的产物，是农民精神和心灵寄托的场所。这些要素之所以能够在景观规划中得以保存，主要因为这是地方文化传承的要求，是以人为本的基本原则的体现。然而，这些农村原有的风俗和民间信仰中的大部分元素早已无法满足现代生活的需要。在规划中，可以创造特殊的景观，使其成为村民以不同方式获得的历史记忆空间。

## 第四节　社会和谐

### 一、维护农村权益

农民权益是美丽乡村建设过程中的热点问题，有其深厚的历史和复杂的政治、社会和文化背景。本部分内容主要围绕“维护农民权益”的主题，从以下几点进行探讨。

### （一）淡化城镇化率的概念

农民就地逐渐市民化的过程便是农村城镇化。无论是城市化还是城镇化，必须把维护和保障农民的各种权益放在重要位置，这是为了让更多的居民，特别是农民，享受到城市居民的待遇和环境。因此，在加快农村城镇化进程中，要淡化农民城镇化率的概念，不要过分追求农民身份的转变（即将农民的农村户籍转变为城市户籍）。实际上，在新的城乡一体化户籍制度下，户籍在何处、以何种形式提出已变得不再重要。重要的是要提高小城镇的经济文化水平，建立农民收入稳定增长的机制，改变传统落后的生活方式，使农民的生活逐步城市化，使得农村公民的身份由农民变为市民。

城市化并不意味着“淘汰”农民。尽管大多数农民已经完成了公民身份的转变，但仍有一些农民从事农业生产劳作。此时的农民具有传统农民的意义，并且还是生活在小城镇、享受城市文明的新型农民。他们白天从事现代农业生产劳作，晚上回到城里享受城市生活。

除此之外，还应积极稳妥地推进集体土地产权制度改革，只有这样才能保证农民的土地权益。

### （二）尊重民意并实现土地的市场化流转

承包地的转让，必须尊重农民的意愿，将转让所得全部返还给农民。《农村土地农民集体所有制》和《农村农户家庭承包经营制度》规定，农民是土地流转的主体，农民的土地转移是由农民决定的；农村组织不得强迫农民转让土地，不得无理阻碍农民依法自主转让土地，更不得购买农民的土地承包经营权，使农民成为失地农民；在承包地转让过程中，对临时不同意转让的农民，可以通过调整土地位置予以保留；农民承包地出让金应当以农产品产量和现价为依据。地方政府和农村组织应当惠及群众，将农民承包地的流转收入全额返还外流农民。

目前，农村土地承载着农民生存、就业甚至创业的资本保障。因此，土地出让必须考虑到农民的长期生活，将集体建设用地和集体公有非农业用地的出让收入按一定比例分配给农民，切实保护农民的土地权益。

### （三）建立并完善农民各方面的保障机制

#### 1.降低农民的离土代价

在推进农业规模经营的过程中，地方政府必须尊重农民的意愿。

第一，在农民不能获得稳定的非农业收入来源之前，不应向农民施加转移耕地的压力。

第二，政府不能通过购买使农民失去土地承包经营权和财产权，尤其不能将农民的耕地永久性地转让给“工商企业”。

第三，进入城市生活的农民也可以保留土地承包权。

2. 完善“双置换”机制

“双置换”指的是农民土地承包经营权置换土地股份合作社股权，以及农村宅基地使用权置换城镇住房和商业用房收益权。这是农民享有的基本权利。

## 二、普及基础教育

由于农村的基础教育是农村教育的重要组成部分，我们不仅要完善农村基础教育管理机制，还要提高教育资源的管理水平。普及农村基础教育对加强农村农业的科技创新和应用能力建设，以及提高农业的综合生产能力。

农村基础教育健康的稳定发展对解决我国社会“三农”问题具有重要的战略意义。提高农村人口基本素质是实现“全民教育”目标的重点和难点。从某种意义上而言，如果没有农村基础教育的普及，培养高素质的农村劳动者，使农村人口脱贫致富，维持农业和农村经济的发展，甚至是实现农村现代化目标都是不可能的事情。此时，借鉴现有经验，冷静分析形势和任务，探索符合农村基础教育的发展方向、国情和社会要求的道路，无疑具有重大的现实意义。

为实现政府和行业在教师资源配置中的主体地位的转变，教师资源配置的具体任务应分配给教育行政部门或学校。政府的主要职责是通过教育投资促进教师资源的公平配置，以保证教育投资的公平性。

第一，建立合理的基础教育资源流动机制，实现区域间教师资源平衡。为了调整城乡教师短缺状况，充分、合理、有效地利用和保护现有教师资源，政府要加大政策并鼓励城市优秀教师到边远山区和贫困地区任教。可以通过采取支持、轮换、沟通的方式，将自愿和组织派遣两种模式相结合，打破教师传统资源配置的框架，实现教师资源在系统中合理地、科学地流动。

第二，加强现有农村教师资源管理和培训体系，建立高素质的教师资源队伍。例如，通过调整劳动力分配政策，加强教师考核管理，改革学校人事制度，建立流动激励竞争机制，调动教师资源，实现教师队伍建设。

第三，充分发挥现有人力资源的作用。有计划地对农村学校教育进行培训，提高农村学校教师的教育水平，也可以鼓励农村教师的自我塑造和学习，以提升他们的学历层次，实现国家对小学教师学历的要求。

## 三、完善医疗养老机制

我国现行的农村医疗保险制度是新型农村合作医疗制度。我国于 2003 年在全国范围内公布开设新农村合作医疗制度的试点，并逐步实施此项制度。尽管新农村合作医疗制度的实施取得了一定的成效，但在实践过程中也存在一些突出的问题。

### （一）政府大力支持并完善监管制度

政府在新农村合作医疗制度的实施和运行中起着不可替代的主导作用，新农村合作医疗制度的完善离不开政府的支持。除了财政支持和增加政府负担比例外，政府还应积极地、及时地调整制度，以适应新农村合作医疗制度的发展。其中一个关键点就是完善监督制度。首先，要提高监管人员的专业化水平，确保对保险信息的严格检查，以及对过程的认真监督，要允许农民参与监督管理，农村合作医疗与他们的利益息息相关，相信他们会乐于参与其中，加深农民对新农村合作制度的认识，提高他们参与新农村合作的积极性。同时，与受益者群体密切联系，以便可以及时发现新农村合作医疗制度运行中存在的问题及其根源，从而完善新农村合作医疗制度。

### （二）有效实现定点医疗机构管理

第一，医疗卫生管理部门和保险机构不仅要加强对医疗卫生机构的监督，还应规范新型农村合作医疗保险的运作，以提高资金使用效率，减轻农民医疗费用负担，保护他们的基本权利。

第二，允许并鼓励私营医疗服务机构从事医疗保险和服务，并将其引入市场，形成医疗机构之间的竞争，避免一方垄断，同时促进医疗服务和水平的全面提高。

第三，对医疗服务机构进行监督，要求医疗机构公布收费标准、药品价格、诊疗项目等，同时还要加强有关部门的检查，严格把控医疗服务机构的检查项目、药品的种类和数量，杜绝乱开处方药、乱收费的不良现象。

第四，要加强对医务人员的职业道德教育，制定相应的奖惩政策，提高医务人员的积极性。

第五，加强管理，坚持“基本医疗”的规章制度，有效利用有限的资金，是办好新型农村合作医疗制度的根本途径。

### （三）增加农民受益度并优化补偿机制

提高农民的医疗报销比例，提高农民的受益程度，是农民一直不变的夙愿。

农民参加新型农村合作医疗制度的重要标准和完善农村合作医疗制度的关键之一便是农民在最后的效益程度。在确定省、市、县财政补贴比例时，不仅要依据各地区的发展水平，也要充分考虑不同层次的人口，以制定合理的分配标准，并进一步扩大农民的利益。目前，大多数的工作模式都比较传统，报销程序复杂，政府有关部门应加强网络信息建设和贡献，以便于结报，同时还应简化、合理化报销程序，以提高工作效率。

## 第五节　文化多样

### 一、继承传统文化

中国各地的自然环境和人文条件差异很大。从区域文化的历史和现状出发，因地制宜、扬长避短，是科学决策、创新民间文化的重要依据。作为一种完整意义上的区域文化，它是在区域文化深厚的文化个性和遗传基因中积累起来的，对影响和规范当地人的价值观、人格特征、风俗习惯都起着持久的作用。在与其他文化的交融中，它长期保持着以下基本特征。

#### （一）鲜明的地域性

地域性形成于相对稳定的区域环境中，受地理环境的制约。在每一个历史时期，都不可避免地会出现区域一体化或分化，以及地理上的进步和倒退。但具体地理区域所反映的文化特征基本稳定连续。它不一定是以今天的行政区域为基础的，而有可能是以历史上人们的生产和生活过程中的许多区域共性和人类国家的形成为基础。

#### （二）外观与内涵上的独特性

外观构成是一个全面的、完整的系统，涵盖了整个地域的各个方面，不是一种特定的文化现象。

内涵的形成和发展是多种因素综合作用的结果，但决定因素是地域的自然环境，以及社会和人文因素。因此，不同地域的地方文化存在着明显的差异。

#### （三）传承上的稳定性

经过长期的孕育、发展和沉淀，文化特征一旦形成，就具有较强的传承稳定性特征。

地方民俗自身的特点，是中华民族文化多样性发展的载体。挖掘和研究地域文化的深刻内涵和优秀元素，是民族精神的内在积淀、个性分析和传承，为民族精神的弘扬和培育提供了丰富的素材。加强对地方民俗的探索研究，继承和弘扬地方民俗优秀传统，是弘扬民族精神、促进区域经济发展、建设社会主义先进文化不可缺少的内容。文化的民族性和地域性特征包括人类文化的共性。地方文化研究对推进政治文明和精神文明建设具有不可替代的作用。

## 二、注重农耕文化

世界三大农业起源地之一便是中国。早在远古时期，中国就有了农业文明的萌芽，“神农尝百草”的传说，便是那个历史时期所留下的印记。在我国广袤的土地上，发现了数千处新石器时代的原始农业遗址，最早的为1万年前。考古证据表明，中国的原始农业早在七八千年前就有了很大发展。在漫长而悠久的传统农业经济社会中，我们的祖先以他们的勤劳和智慧创造了灿烂的农业文化。农业文化源远流长，不仅塑造了中华民族的光荣历史，书写了中国人民的伟大和自豪，还渗透到我们生活的方方面面，特别是今天的乡村生活。以渔樵耕读为代表的农耕文明是中华民族几千年生产和生活的实践总结，也是华夏儿女以不同方式延续下来的一种净化文化。“应时”“取宜”“守则”“和谐”的思想得到了广泛传播。所体现的哲学本质是传统文化核心价值观的重要精神资源。

从思想观点的角度看，农耕文明的本质、思想精华和文化品格是优秀的，如培养爱国主义、团结统一、爱好和平、自强不息、尊老爱幼、勤劳勇敢、艰苦奋斗、勤劳节俭等文化传统和核心价值观，这是非常值得肯定和鉴戒的。中国传统文化中理想的家庭模式是“农耕、读书、传宗接代”。也就是说，我们不仅要“农耕”维持家庭生活，还要“读书”提高家庭文化水平。这种农耕文明崇尚自然和谐，符合中国文化中“乐天知命运”的原则，追求人生最高修养境界，“乐天”是认识宇宙的规律和标准，“知命运”是认识生命的价值和本质。我们提倡耕作和读书、合作和宽容，而不是掠夺性地利用自然资源，这些观点符合当代社会和谐发展的理念。

中国农业可持续发展有着数万年的历史，已经创造了一个发达、持久、繁荣的传统文化。同时，灿烂辉煌的中国文化也丰富了农业的内涵。中国文化与农业是相互依存、相互作用的。中国文明在几千年的发展历程中，虽然经历了无数次自然灾害和人为灾难的考验，但仍在蓬勃中发展和壮大。事实证明，技术知识体系具有可持续发展的特点。开发利用丰富多彩的农业文明和自然遗产资源作为“三农”工作的重要组成部分，不仅对促进民族团结，维护民族团结，建设美丽家园，激发爱国热情、丰富民族文化遗产资源，发挥了重要作用，在经济全球化背景下，对保护世界文化的多样性同样发挥着积极的作用。这对促进世界经济稳定、安全、协调、平衡、持续的发展有着重要的意义。

（一）传承农耕文化是发展现代农业的需要

现代农业是指充分利用现代科学技术、现代工业设备和现代管理理念，促进农产品安全、生态安全、资源安全的和谐统一，提高综合经济效益。而农耕文化使用的是本土的、独特的、原始的农业技术和实践经验，继承生态平衡体系是可持续发展的智慧和理念。借鉴和吸收遵循自然规律的传统农业生产，注重生态环境，注重增长速度与质量和安全的协调，促进现代农业的发展。

（二）传承农耕文化是保障民族健康生活的源泉

农耕文化强调“天人合一，药食同源”。传统的饮食结构不仅是由传统的农业文明决定的，也是中华民族几千年的生活实践和饮食、治疗、保健经验的结晶。在发展绿色农业的过程中，要吸取传统农业的精髓，以科学、安全、健康、环保的消费理念为基础，倡导农产品标准化。这不仅是农耕文化的延续，也是低碳农业、循环农业和高效农业发展的突破口。

（三）传承农耕文化是繁荣农村文化的基石

随着经济社会的发展和人们生活节奏的加快，人们渴望摆脱城市环境的嘈杂和污染，回归乡村的新鲜空气和宁静环境，享受生态文化的田园风味。发展休闲农业也有利于增加农民收入，造福农村，促进农村文化繁荣。

## 三、促进文化活动

繁荣农村文化事业是全面建设小康社会和社会主义和谐社会的重要组成部分。这也是建设社会主义新农村、满足各级广大农民精神文化需要的有效途径。对提高党的执政能力，巩固党的执政基础，促进农村经济发展有重要意义和作用，对展示和推动社会进步，实现农村物质文明、政治文明和精神文明的协调发展，具有十分重要的意义。中国共产党第十七次全国代表大会首次明确提出要促进农村文化繁荣发展。

美丽农村建设不仅包括经济发展、设施建设等硬件建设，还包括农村精神面貌改善、农民素质提高、文化水平发展等软件建设。他们互相协调和促进。

文化活动的丰富性，具体含义有以下几部分内容。

（一）提高农民生活质量，促进农村社区发展

村民们开始摆脱创业的疲劳，通过文体活动寻求生活的乐趣，通过健康的

娱乐活动调整心态，使生活变得多姿多彩，使活动变得更加有趣味。通过举办全国性的运动会、艺术节和各种文化活动，政府、学校、企业、农村等社区教育活动的资源得到了多次的统一和整合，干部与社会各界的交流与日俱增。群众、教师、居民和社区成员都取得了一定的成绩。享受高质量的精神文化生活是群众多种需求中的一部分。社区教育为人们开展体育活动提供了平台，是满足人们精神需求的载体。群众在身心上得到锻炼和调节，在健康规范的体育活动中以正确的人生观和方法论为指导。人们通过体育活动追求健康、幸福和终身学习，远离暴力犯罪，促进社会和谐稳定。

（二）继承与发扬民俗文化，丰富新农村文化

目前，传统民俗文化正在逐渐消亡，甚至消失。新时期，尽管新农村文化现象不断出现，但普遍缺乏活力。因此，新时期要处理好民间文化与乡村文化的关系。农民不是没有文化的人，他们之中卧虎藏龙。在新农村的文化建设中，培养和激发“乡土艺术家”，激发农村自身的文化活力尤为重要。新时期，农村文化发展迅速。最明显的是，一些广场舞、社交舞、武术队发展得越来越好好，队伍也越来越庞大。一些商业性民间体育队伍的出现，为农村群众开展重大活动提供了便利，丰富了农村文化体育生活。然而，这些文化体育活动缺乏时代精神和持久的影响。新时期，农村文化、体育要在继承的基础上不断创新，创造出具有生命力和影响力的新农村文化。这就需求培养一批强大的文化队伍和有效的文化团体来担此重任。

（三）政府重视和引导群众自发自愿参加

2010年，《中共中央办公厅、国务院办公厅关于进一步加强农村文化建设的意见》中提出“开展多种形式的群众文化活动。农村文化活动要贴近群众生产生活实际，坚持业余自愿、形式多样、健康有益、便捷长效原则，丰富和活跃农民群众精神文化生活。充分利用农闲、节日和集市，组织花会、灯会、赛歌会、文艺演出、劳动技能比赛等活动。”农村文化体育活动的发展需要政府的正确引导，使更多的人自愿加入文化体育队伍，有利于农村文化体育事业的发展。政府不引导或不正确引导，群众就不愿意或者被迫参加体育活动，不利于体育活动的持续发展。群众自愿参加文化体育活动，是文化体育事业繁荣发展的前奏。政府要抓住机遇，因地制宜，重视和引导农村文化体育事业的发展。

（四）公益性文体活动与经营性文体活动相互结合

公益性文化团队是指以锻炼身体、培养性情为目的，开展群众性体育活动的非营利性文化团队，这种团队需要我们大力倡导。经营型团队是指以营利为目的，主要进行文艺演出的营利型团队。这些团体需要我们不断的标准化。公益型团队在条件适宜的情况下，将演变为经营型团队。

一般情况下，经营性文化团队不可能转变为公益性文化团队，但在不开展体育活动时，经常以个人身份参加公益性团队活动，对公益性体育活动的发展起着重要作用。经营性团队应考虑经济收入，团队中的一些文化人靠它谋生，甚至依靠它来丰富政府。其主要目的是规范经营行为，维护文化市场的正常秩序。但目前，我国农村在经营性文化团队管理方面是空白的，政府缺乏管理和监督。从长远利益和发展来看，政府应高度重视管理经营性文化团队。

政府应主要加大对公益性文化事业的投入，加强对商业性文化事业的监督。投资必须根据实际情况，围绕群众需要，因地制宜，有针对性地投资，避免“一刀切”。城乡一体化地区，农民集中返回城镇的社区，必须规划和建设相应的群众性文化体育广场，改善文化体育设施，培养自由的文艺骨干和文化艺术带头人，定期在农村开展文化下乡活动，及时组织大规模群众文艺演出，鼓励和支持群众开展各种传统的民间表演活动。适当减少不符合群众当前文化需要的文化投入。

## 四、发展乡村旅游

工业革命后出现的传统乡村休闲旅游主要是由于部分农村城镇居民采取“回老家”度假的形式。传统的乡村休闲旅游虽然会对当地经济产生一些有价值的经济影响，增加城乡交流的机会，但与现代乡村休闲旅游有很大的不同。主要区别在于传统的乡村休闲旅游活动主要发生在节假日，不能有效地推广。地方经济的发展不能增加就业机会，不能改善地方金融环境。事实上，传统的乡村休闲旅游在世界上许多发达国家和发展中国家广泛存在。在我国，这种传统的乡村休闲旅游通常分为家庭旅游和探亲旅游。20 世纪 80 年代，乡村出现了现代乡村休闲旅游，这是一种新的旅游模式。尤其是 90 年代以后，乡村旅游发展迅速，旅游动机明显不同于传统旅游。

现代乡村休闲旅游的主要特征有：①时间不局限于节假日；②充分利用农村的优美风光、自然环境、建筑、文化等资源；②对农村经济的贡献不仅体现在增加地方财政收入上，还体现在旅游业对农村经济的贡献上，现代乡村休闲旅游在为本地创造就业机会的同时，也为传统经济注入了新的生命力。

现代乡村休闲旅游对促进农村经济发展具有积极作用。随着具有现代特色的旅游者的迅速增加，现代乡村休闲旅游已成为发展农村经济的有效手段。因此，有必要将传统的乡村休闲旅游与现代的乡村休闲旅游区别开来。目前，我们所说的乡村休闲旅游是指现代乡村休闲旅游。

开发乡村旅游，其发展前景包括以下几部分内容。

### （一）政府积极引导并保证其健康有序的发展

政府积极引导并保证乡村旅游健康有序的发展，具体指：①政府为乡村旅游提供一个公平竞争的市场环境，引导经营者与投资者的合作；②政府规划未来农村旅游发展方向，促进市场培育和经济活动；③政府可以以区域旅游发展和系统生态学理论为指导，大力推进乡村旅游的发展，进行合理的规划与科学的开发；④制订与发展乡村旅游业相关的法律规章制度，建立以农村社区和乡村旅游企业为主体的政府主导管理体系，加强对乡村旅行业的管理、监督，促进乡村旅游健康有序地发展。

### （二）提供完善的基础设施和良好的环境

基础设施方面：①旅游村要实现户户都有自来水；②电力部门要加强对农村旅游区电力设施的更新、改造和维护，确保用电安全；③通信部门要把农村旅游区纳入通信设施建设规划，实现农村旅游点信号的全覆盖；④广播电视和信息部门要加快农村旅游发展，实现有线电视和互联网宽带进村。

环境方面：生态环境幽雅，自然景观优美。①发展旅游业，要保持原有的自然生态环境，加强对乡村旅游区和周边环境的治理，实现生态环境优美的目标；②根据农村旅游景点的生态承载力，合理开发农村旅游业，确定旅游线路和接待能力；③环保部门有义务保护旅游业，解决农村土地污染问题，并保证旅游业环境的可持续性。

### （三）具有特色品牌和创新经营策略

高质量的观光产品可以反映出文化自然风光、乡土风情和农村发展建设的特点。在特色品牌方面，立足于当地资源优势和特点，开发一批农业旅游、节庆旅游等特色旅游产品，形成品牌效应、乡村旅游品牌特色。在经营策略方面，创新经营策略，增设旅游产品的店铺，增加旅游附加值，建立优质的消费者权益监控体系。

### （四）高质量的旅游服务和系统的教育培训

拥有一支优秀的乡村旅游人才队伍，并重视对旅游业从业人员的教育和培训工作，可以明显地提高乡村旅游业从业人员在服务方面、旅游文化等方面的素质和服务技能。

# 第三章　美丽乡村建设与乡村旅游

近年来，乡村旅游越来越受到国家的重视，其价值逐渐被人们所发现。本章对美丽乡村建设下乡村旅游发展的机遇、旅游导向下的美丽乡村建设，以及发展乡村旅游的重要意义分别做了介绍。

## 第一节　美丽乡村建设下乡村旅游发展的机遇

### 一、国家政策的重视与支持

#### （一）“美丽中国”概念的提出

党的十八大报告第一次提出了“美丽中国”的全新概念，报告强调必须树立尊重自然、顺应自然、保护自然的生态文明理念，明确提出了包括生态文明建设在内的“五位一体”社会主义建设总布局。“美丽中国”概念的提出充分体现了中国共产党以人为本的理念，是深入贯彻落实科学发展观的战略决策，顺应了人民追求美好生活的期待，符合当前的世情、国情。想要真正实现美丽中国的建设目标，必须从政治、经济、文化，以及社会生态的角度出发，实现多方面的和谐发展和持续发展。因此，建设美丽乡村是实现美丽中国的重要一步。

2013 年 5 月 19 日，时任国务院副总理（现任政协主席）的汪洋在河南省川县重渡沟景区调研乡村旅游工作。他强调，要做好乡村旅游业这篇文章，开发更多特色旅游产品，满足人民群众日益增长的旅游消费需求。

#### （二）国家提供法律保障

1.《中华人民共和国旅游法》

《中华人民共和国旅游法》已于 2013 年 4 月 25 日，在中华人民共和国第十二届全国人民代表大会常务委员会第二次会议顺利通过，并自 2013 年 10 月 1 日起正式施行。其中，第四十六条明确规定：“城镇和乡村居民利用自有住宅或者其他条件依法从事旅游经营，其管理办法由省、自治区、直辖市制定。”

2.《国民旅游休闲纲要》

纲要指出，要加强国民旅游休闲产品开发与活动组织，鼓励开展城市周边乡村度假，积极发展自行车旅游、自驾车旅游、体育健身旅游、医疗养生旅游、温泉冰雪旅游、邮轮游艇旅游等旅游休闲产品，弘扬优秀传统文化。

3.《农业部国家旅游局关于开展全国休闲农业与乡村旅游示范县和全国休闲农业示范点创建活动的通知》

从该通知中可以看出，发展休闲农业与乡村旅游，是推进社会主义新农村建设的重要载体，是促进农民就业增收的重要渠道，是推进农业功能拓展的重要举措，是推进城乡一体化发展的有效途径，是丰富我国旅游产品体系的重要内容。发展乡村旅游推动了我国农业发展方式的转变、优化调整了农业和农村的产业结构、促进了农民就业增收、建设了社会主义新农村、扩大了内需、统筹了城乡发展，以及拓展了旅游业发展空间，是我国经济社会现实发展的客观需要。

（三）十八届三中全会

十八届三中全会于2013年11月在北京召开，会议通过了《中共中央关于全面深化改革若干重大问题的决定》，为美丽乡村的发展建设带来新的利好。决定指出：

①“鼓励承包经营权在公开市场上向专业大户、家庭农场、农民合作社、农业企业流转，发展多种形式规模经营。”将为发展乡村旅游提供更广阔的空间。

②“稳定农村土地承包关系并保持长久不变，在坚持和完善最严格的耕地保护制度的前提下，赋予农民对承包地占有、使用、收益、流转及承包经营权抵押、担保权能，允许农民以承包经营权入股发展农业产业化经营。”将为发展乡村旅游提供更多的融资渠道。

③“健全农业支持保护体系，改革农业补贴制度，完善粮食主产区利益补偿机制，完善农业保险制度。”将为发展乡村旅游提供保障，降低风险、提高收益。

④“公共资源均衡配置，鼓励社会资本投向农村建设，统筹城乡基础设施建设和社区建设，推进城乡基本公共服务均等化。”将为发展乡村旅游提供良好的公共基础服务。

⑤“完善城镇化健康发展体制机制。坚持走中国特色新型城镇化道路，推

进以人为核心的城镇化，推动大城市和小城镇协调发展、产业和城镇融合发展，促进城镇化和新农村建设协调推进。优化城市空间结构和管理格局，增强城市综合承载能力。”将为发展乡村旅游提供更为集中的客源市场。

（四）国家重视“三农”问题

2004～2014年，中央一号文件连续从多个角度提出“三农”问题的解决方法，鼓励农业产业优化、科技休闲兴农等举措。如2004年强调发展农村二、三产业，拓宽农民增收渠道；2005年的稳定、完善和强化扶持农业发展的政策，进一步调动农民的积极性，继续推进农业和农村经济结构调整，提高农业竞争力；2006年提出统筹城乡经济社会发展，扎实推进社会主义新农村建设的理念；2007年进一步强调开发农业多种功能，健全发展现代农业的产业体系；2008年着力强化农业科技和服务体系基本支撑、逐步提高农村基本公共服务水平；2009年强化现代农业物质支撑和服务体系；2010年健全强农惠农政策体系，推动资源要素向农村配置；2012年提高市场流通效率，切实保障农产品稳定均衡供给，等等。

2013年中央一号文件提出，鼓励和支持承包土地向专业大户、家庭农场、农民合作社流转。其中，“家庭农场”的概念首次出现在中央一号文件中。家庭成员是家庭农场的主要劳动力，是主要从事农业商品化、集约化、规模化生产经营的新型农业经营主体。

2014年中央一号文件对完善国家粮食安全保障体系、强化农业支持保护制度、深化农村土地制度改革、建立农业可持续发展长效机制、构建新型农业经营体系、加快农村金融制度创新、健全城乡发展一体化体制机制、改善乡村治理机制等八个方面做出指导和部署，是继十八届三中全会后的首个中央一号文件，对2014年及今后一段时期的“三农”发展具有重要指导意义。吴必虎教授认为2014中央一号文件对乡村旅游发展的影响包括：乡村旅游发展是农村产业结构调整的重要形式，农村受污染环境治理和生态恢复建设提高乡村旅游吸引力，农村集体土地权能逐步入市吸引和激励对乡村旅游的中长期投入，新旧并举开发休闲农业与乡村旅游的系列产品等。

## 二、战略转型促成的农业发展大环境

从国际到国内，自上而下，乡村旅游与休闲农业已经迎来了发展的春天。

2009年10月25日，在中国（安吉）首届休闲农业与乡村旅游发展高峰论坛报告会上，著名经济学家温铁军教授指出，我国休闲农业发展处于国际产业资本与金融资本“双重过剩”的战略转型机遇期。我国的农业发展已经进入战略调整期，农业发展的目标消费群体—中国1/3的中等收入人群，即中产阶级，是占世界最大人口规模的收入群体；农业的功能从追求单一的生产利润，转变为符合绝大部分中产阶级对农业生态化和功能差异化的需求。我国农业发展已经进入了“工业反哺农业、城市反哺农村”的发展新阶段，促进休闲农业发展转型符合农业发展阶段转变的客观需求。

经过长期的发展，休闲农业已经成为促进我国农村经济发展新的增长点。北京、四川、重庆、浙江、湖南、江苏等省市，已经出台了农家农业科技园区、民俗村、农业旅游示范点等相应的行业管理标准，规范经营管理。近年来北京第三产业的经济增长贡献率为66%，其中，休闲旅游业的年增长速度高达36%。因此，发展休闲农业是转变农业增长方式的关键，是提高农业竞争力和生产效益的有效手段，也是推动城乡一体化的重要载体。乡村旅游、休闲农业具有十分广泛的消费市场。

## 三、广阔的客源市场

近年来，旅游资源的内涵不断延展，休闲旅游成为人们重要的生活方式之一。乡村是最好的第三休闲空间，全国乡村旅游发展迅速，2012年接待游客8亿人次、旅游收入2400亿元。

我国的旅游业已发展到大众旅游阶段。主要体现在以下两个方面。

①普通的劳动大众在旅游活动参加者中占有较大比重。

②从旅游方式上来看，有组织的团体包价旅游也早已成为最普通的大众旅游方式。从出行阶层来看，社会不同职业阶层的广大民众都已广泛参与到旅游活动中来。

近年来，自助游兴起，游客出行的时间更加灵活，目的地更加多样化，尤其是城市居民自助的乡村游、农业游，不仅经济实惠，还能欣赏、体验农村丰富的风土民情和传统文化活动，开阔眼界，在具有观赏性的同时还具备教育意义。

人口老龄化促进乡村旅游发展。据《中国老龄事业发展报告（2013）》显示：2012年，我国60岁及以上人口占总人口的比例为14.3%，2013年预计将达到148%（国际上把60岁以上人口超过总人口的10%作为一个国家和地区进入老龄化的标志）。报告还显示，中国老年人口基数大，人口老龄化进程快，老年人慢性病患病率高，再加上老年人的“怀乡”情结，为发展乡村旅游提出了新要求。

中国的大都市城镇化水平高，城镇人口密集。尤其像北京和天津这样的大都市城镇化水平很高，分别达到了 86%、79.5%。城镇化的快速发展除了能吸引更多的外来人员进入城市生活，同时也会造成城市拥挤。对城市生活的厌倦以及经常到访的雾霾天气，致使人们想远离钢构铁架、车水马龙。到乡村感受田园是城市人的新诉求，这就为乡村旅游发展提供了持续不断的潜在客源。

## 四、新农村建设提供的宝贵机遇

目前，我国正处于全面建设小康社会的关键时期，党中央提出了建设社会主义新农村的任务和要求。建设乡村旅游是促进农民增收致富的新途径，不仅有利于调整农业产业结构，更能扩大劳工就业，同时也是促进社会主义新农村建设的重要措施，发展乡村旅游正当其时。

### （一）资金支持

建设新农村要有强有力的资金支持。新农村建设要求推进城乡统筹发展，坚持“多予少取放活”，加大各级政府对农业和农村的投入力度，扩大公共财政，覆盖农村的范围，强化政府对农村的公共服务，建立以工促农、以城带乡的长效机制。从中可以看出，一方面，国家为鼓励更多的企业到农村投资发展乡村旅游提供了强有力的政策支持，也让农村获得了更多的社会资金；另一方面，政府加大对农村投入的资金中，乡村旅游也获得了部分的发展资金。

### （二）技术支持

推进现代农业建设，农业技术的推广、经营模式的改变为乡村旅游的发展提供了强有力的技术支持。加之，人力支持为“培养有文化、懂技术、会经营的新型农民，提高农民的整体素质提供了动力”。这些培养和引进的人才为乡村旅游的发展提供了更多的人力支持。

### （三）乡村接待能力的提升

新农村建设要求搞好乡村建设规划，加大农村基础设施建设投入，加快乡村道路建设，发展农村通信，继续完善农村电网，逐步解决农村饮水困难和安全问题。大力普及农村沼气，积极发展适合农村特点的清洁能源，明显改善了广大农村的生产生活条件和整体面貌。饮食卫生安全、住宿条件、交通和通信技术等硬件设施的逐步改善，为乡村旅游的发展奠定了良好的物质基础，大大提高了旅游的接待能力。

（四）旅游层次的提高

新农村建设要求加快发展农村文化教育事业，挖掘和发展古文化和风俗习惯。一些农村原有的古老的节庆活动、婚嫁活动、祭祀活动，传统的民族体育竞赛项目、体育休闲项目、文艺戏曲和舞蹈、民间传说等文化的开发将成为乡村旅游新的人文资源，可以满足游客的求知欲，延长游客的逗留时间，销售文化旅游产品，大大提升了旅游产品档次和旅游附加值。

### 五、交通延伸与网络影响

旅游媒介是旅游业和贯穿在其中的旅游活动，主要指连接旅游者与旅游产品的有形与无形通道。

当前，我国交通网络的大幅延伸，城乡一体化带动的城际公交发展与道路建设，为乡村旅游创造了极为便捷的发展渠道。而各式网络、新媒体的兴起，以及农民文化及科技水平的提升为乡村旅游与休闲农业的市场营销搭建起了多条桥梁。更多休闲理念及产品信息更有效地进入目标市场视野。

## 第二节　旅游导向下的美丽乡村建设

### 一、旅游导向的美丽乡村开发主体

（一）资源集中经营模式

资源集中经营是指在既定的区域范围内，由一个经营主体对该区域内的乡村旅游资源地进行统一规划、统一开发、统一管理和统一经营。从开发方面来看，就是对各个乡村旅游目的地进行统一大规模投入，以集中招标的方式进行。从管理方面来看，乡村旅游目的地实行的是“大管理”，地方管理按运行规则处于服从状态。从经营方面来看，就是采取统一的组织、各个乡村旅游目的地参与的方式进行宣传，统一安排设计旅游线路，统一安排各区域的游览时间。

（二）资源分散经营模式

资源分散经营就是在既定的区域范围内，由多个经营主体对各乡村旅游目的地进行自主规划、自主开发、自主经营，自负盈亏，形成旅游分散决策的格局。从开发方面看，各个旅游景区按情况需求进行自主开发。从管理方面看，地方管理处于主导状态。从经营方面看，各个经营单位自主选择营销方式，按各自的方式进行经营。分散经营的制度安排带有明显的市场主导特征，最具典型的表现是利益启动、民营投资、自主决策，投资主体具有多元化和民营化的特征。资源分散经营模式包括“公司＋农户（＋社区）”开发模式、“政府＋公司＋农村旅游协会＋旅行社”开发模式、“农户＋农户”开发模式、股份制开发模式等。

## 二、旅游导向的美丽乡村开发原则

根据乡村旅游与休闲农业旅游资源的特点，在旅游开发时应遵循以下原则，从而保证所有利益相关者的权利与权益得到保障。

### （一）论证先行，开发与保护相结合

乡村生态环境相当脆弱，尤其是西部地区，因此发展乡村旅游时应注意乡村生态环境的保护与建设，增强策划者、管理者、开发者、旅游者等相关人员的生态环境保护意识。在规划开发中，需要注意两个方面：一是做好环境保护规划，加强城镇设计，避免过度开发对自然生态环境产生的消极影响；二是控制用地规划及污染，提高旅游环境的可持续性。延长旅游产品的生命周期是增强区域旅游竞争力的关键，因此必须根据旅游产品的生命周期特点选择开发策略，充分利用旅游产品为区域旅游发展增添活力。在旅游产品开发的过程中，要尤其注意旅游资源及其环境的保护，并且妥善处理开发与保护之间的关系，为开发的可持续化奠定基础。

开发乡村旅游必须在充分了解其实际情况，分析市场需求和自身条件之后进行，避免盲目开发。上级政府部门必须切实加强规划发展保障体系，加大扶持力度，多个部门联合开展研究，例如科技、林业、旅游、规划、农业等部门，并进行宏观指导和调控。

### （二）市场导向、品牌战略

乡村旅游、休闲农业产品与其他旅游产品一样，是针对相应的市场需求设计产生的，旅游者的需求是开发乡村旅游产品的重要因素之一。开发乡村旅游前必须充分了解市场，并对其进行市场调查和分析，开发具有特色、适销对路的乡村旅游产品。

现实的旅游开发中有不少案例证明了市场导向原则的正确性，乡村旅游开发更是如此。如近几年，以地下画廊为代表的山东沂水县旅游，大力实施“政府主导、社会参与、市场化运作”的旅游发展战略，创造了经济欠发达和旅游资源相对贫乏的地区发展旅游业的成功模式，被旅游界称之为“沂水现象”。

以市场为导向首先必须树立市场意识，分析旅游者的旅游动机，开发出满

足旅游者需求的乡村旅游产品。其次必须树立品牌意识，以品牌促进乡村旅游的发展。各地应根据自身的生态、文化、建筑、民俗等条件，创建并打响自身的特色化乡村旅游品牌。也可以根据市场情况创建、树立区域性品牌，以品牌促营销，以营销促发展。最后，为了能根据市场需求进行产品开发、提升与改进，乡村地区应定期对消费者和乡村旅游经营商进行调查。

### （三）因地制宜、回归本色，保存独特性

在市场导向的基础上，应结合本地资源特色，因地制宜、回归本色，保将其独特性。乡村受不同的经济、文化、历史和社会发展的影响，会呈现出不同的、具有一定吸引力的特征，因此需要在分析客源市场的基础上选择合理的、具有特色的旅游规划。

开发特色旅游产品不仅是市场竞争的核心，更是旅游吸引力的主要源泉。因此，在乡村旅游开发中应不断挖掘具有当地色彩、凸显当地文化的特色资源，从而开发出具有特色的旅游产品。

乡村本色是吸引旅游者进行乡村旅游的基础和前提，是乡村旅游整体推销的核心和独特卖点，是界定乡村旅游最根本的标志，也是吸引旅游开发商投资的核心竞争优势。乡村本色是基于乡村性的，因此需要弄清楚什么是乡村性，这是界定乡村旅游开发的关键。一般来说，“乡村性”包括地域辽阔、人口密度较低、经济活动简单、建筑物占地面积少、以自然用地为主（农业用地、林业用地等）、具有传统的社会文化家庭和血缘观念重、人们具有保守心理等特征。乡村资源的价值在于其淳朴的乡村环境与幽静的乡村氛围，“淳朴”是乡村吸引力的关键所在。

### （四）整体开发与择优开发相结合

乡村旅游资源既具有形式多样、丰富多彩的特点，又是区域旅游资源的一个组成部分。要把乡村旅游资源的开发利用纳入区域旅游开发的系统工程中去，从区域旅游的角度出发，进行统筹安排、全面规划，从而形成统一的区域旅游路线，促进区域经济的发展。

由于资源的普遍性特点，在开发过程中容易出现许多问题，例如产出少、投入多、重复建设、产品替代等，因此应在综合比较论证、资源普查的基础上，确定乡村旅游产品开发的重点，择优开发。国家应在技术、资金、政策等方面给予支持，优先开发当地居民有浓厚开发热情、人文和自然生态环境相对较优、交通条件较为便利、区位条件较优的乡村地区。

（五）当地居民与社区参与，注重管理

人是组成乡村旅游资源最活跃的因素，在发展乡村旅游时要积极组织当地居民参加旅游服务，安排具有地方特色和民族特色的民俗文化旅游项目，使外来游客受到原汁原味的乡村文化氛围的感染。要加强对旅游从业人员的培训，熟悉旅游业务、学习行为规范、遵守旅游法规、提高服务质量、树立品牌意识和精品意识，吸收国内外发展乡村旅游的成功经验，努力建设一批具有示范作用的乡村旅游基地，并逐步推广。村民可向游客提供当地的传统食品以增加收入，还可以生产工艺品向游客出售。

保持民间工艺美术品的真实性对促进乡村旅游的健康发展，保护本地文化传统具有非常重要的意义。可以通过表演具有当地特色的歌舞来增强游客的兴趣，或者培养当地居民成为导游，以其生动形象的讲解使游客更深入地了解当地文化等。

（六）以旅游促进新型城镇化

产业融合促城乡一体，规划先行助“城镇上山”。小城镇处于农村与城市之间，在城乡发展中具有承上启下的作用，既是工业化的重要载体，又是农业产业化的服务依托，对广大农村具有巨大的带动作用。

（七）硬件建设与软件建设相结合

在村庄建设中应充分挖掘具有地方特色的传统风俗文化。经长期的实践证明，地方文化的挖掘直接影响着规划成果，即对地方文化挖掘越充分，越能得到人们的认可。

村庄基础设施的建设需要注意两个方面：一是加入村庄文化特色，保留村庄的建筑风貌；二是设施的实用性。在乡村旅游建设的规划中应保留一些具有村庄特色的设施，并且融入能够提升村庄美化的元素。

（八）高效集约利用土地和资金

长期以来，我国的村庄由于缺乏政府部门控制和指导，始终是城乡规划建设的薄弱环节，相关法律法规的颁布和实施，使村庄规划建设已经纳入城乡规划体系。同时，经过多年的“新农村”规划建设实践，积累了一定的经验与技术，使通过编制相关规划引导村庄合理有序建设成为可能。

土地浪费现象在我国大多数镇区和村庄十分明显，例如土地资源利用低效、空心村现象严重、人均占地面积较大等。因此，相关政府部门必须加大管理力度，提高土地和资金的利用率。

## 三、国外乡村旅游产业的经验借鉴

### （一）世界范围乡村旅游开发概况

乡村旅游起源于欧洲，于今已有100多年的历史。早在1855年，法国巴黎的贵族就组织了到郊区乡村的假日旅游。到1865年，意大利成立了专门向城市居民介绍休闲旅游的“农业与旅游全国协会”。第二次世界大战后，随着城市化的快速发展，城市人口和建筑高度密集，城市生态环境恶化，居住在城市中的人们迫切需要找到缓解的途径，因此都要求到郊区进行乡村休闲旅游。20世纪60年代初，西班牙作为当时的旅游大国，积极开发乡村旅游，规划建设农场和庄园，提供各种休闲项目，例如农业活动、漂流、滑翔、远足、登山、骑马等，还组织各种形式的、与乡村相关的学习班、培训班等，开创了世界乡村旅游的先河。此后，德国、美国、波兰、日本、荷兰、澳大利亚和新加坡大力提倡和开发乡村旅游。最终，乡村旅游成为这些国家最受欢迎的旅游方式之一，他们称乡村旅游为“绿色假期”。他们住在农民的家里，吃农民自己做的新鲜食品，欣赏农场周围的自然风光，到附近的池塘钓鱼，并与农民一起参加各种农业劳作活动，学习农民的面包制作和果酱技术等，乡村旅游活动内容丰富多彩。此时，世界各地的乡村旅游已不再是观看田园风光，而是具有观光休闲功能的观光休闲农业园区，旅游活动以观光为主，在此基础之上再结合饮食、旅游、住宿等多种方式开展经营。因此，乡村旅游专业从业人员应运而生，乡村旅游也独立于农业和旅游业，旅游业和农业的共同发展和相互融合标志着新型交叉产业的出现。20世纪80年代，度假旅游需求的不断增加，使观光农业园区也发生了改变，由单纯的观光性向休闲度假经营、体验教育、环境保护等多功能拓展，休闲农场、生活和生态多功能的市民农场、教育农场、度假农场等应运而生。到20世纪90年代，一些国家引进了乡村文化旅游，包括乡土风情、民俗文化、农耕文化、农舍建设、节庆活动等，使得乡村旅游的文化、内涵、层次和品位得到进一步提升。

纵观国际，乡村旅游开发的过程大致可以分为三个阶段。

①萌芽——兴起阶段。19世纪初，城市居民开始意识到农业旅游的价值，并参与了乡村农业旅游的开发，如法国、意大利。

②观光——发展阶段。20世纪中后期，乡村观光农业得到开发，形成了农业和旅游相结合的新产业，如西班牙、日本、美国。

③度假——提高阶段。20世纪80年代后，观光农业由观光功能向休闲、度假、体验环保多功能扩展，如日本、奥地利、澳大利亚。经过多年的发展，

国际乡村旅游已形成八种基本类型，即回归自然型、品尝购物型、文化娱乐型、休闲度假型、疗养健身型、观光旅游型、学习教育型和参与体验型。

### （二）国外乡村旅游的产业模式

乡村旅游产业在西方发达国家已经开展了近百年，发达国家的乡村旅游已经具有相当的规模，同时越来越多的都市人在城市的重压下渴望找到一个远离城市的地方进行身心的修养放松，乡村旅游逐渐成了发达国家旅游业的重要方式。对于发达国家而言，乡村旅游活动不仅仅是满足人们需求的一种方式，更是控制人口流动的重要手段，甚至在如新西兰、爱尔兰和法国等国中，发展乡村旅游产业已经被提高到国家战略的高度。

国外乡村旅游产业依托于乡村的旅游资源，以开发多种旅游产品为卖点，加之丰富有趣的各种旅游活动，已经由过去单一的观光型旅游模式走向了集保健、参与、娱乐、知识、观光、休闲为一体的综合发展道路，通过开展多种旅游活动，以及开发具有乡村特色的旅游产品来增强乡村旅游的体验感，形成了多元化、多功能和多层次的规模经营格局。

国外乡村旅游根据开发项目和游客的旅游动机，将乡村旅游划分为以下四种模式。

#### 1. 观光型乡村旅游模式

观光旅游地域的特点是依托风景秀丽、自然环境优良的乡村景观和独特的农业生活方式作为旅游卖点，吸引城市居民前来参观、游玩，在远离城市的自然环境中放松身心。旅游者可以住在当地居民家中，同餐同劳，体验乡村农耕文化的生活方式。当地乡村不仅为游客提供了特色旅游项目，还有许多充满乡土气息的特色节目，例如绿色食品展、垂钓比赛、拓荒者怀旧主题剧、乡村音乐节、西部牛仔秀表演、优质鲜果蔬菜大赛等。

根据不同的特色，观光型乡村旅游模式还可以分为以下两种形式。

（1）传统型乡村观光旅游模式

该模式主要是为游客展示乡村农业生产、生活过程，一般的开发模式是在城市周边或者风景区附近开辟花圃、茶园、果园、农场、菜园等，并使其具有观赏价值，可以让游客参与农事活动，还可以品尝地方美食，从而获得田园生活的乐趣。由于该模式容易复制，缺乏竞争力，因此为了获得更长久的发展。因此要充分利用当地独特的旅游资源，开发特色产品。

西班牙的葡萄酒旅游是在传统的观光旅游模式上，结合当地的葡萄酒资源开发的特色旅游形式，游客不仅可以参观产酒地区、酿酒厂、葡萄园等景点，还能参与制酒、品酒活动，此外当地乡村还为游客提供当地的美食、购物、健身等一系列娱乐活动。在法国，每年就有数百万人来到远离城市的偏远村庄，住在当地居民家中，参观农庄、观看制作奶酪和酿酒的过程，品尝当地美味。

（2）科技型乡村观光旅游模式

该模式以现代高科技手段建立的农、林、牧生产基地为载体，不仅可以保证农副产品的正常生产，还可以为旅游者提供旅游资源和场所。

新加坡将高科技农业与旅游相结合建立了多个农业科技公园。该公园采用先进的科学技术管理，不仅配备了造型独特的高科技设备，还对娱乐场所的布局做了精心的设计。例如在田间林荫大道两边种植各种瓜果、用计算机控制菜园的养分、养鱼池配有循环处理系统的水道设施等。

澳大利亚的法思·费利克斯是玛格丽特河谷的第一个商业葡萄园，园内拥有高科技种植设备，采用先进的种植技术，同时也为游客享受上佳的葡萄酒提供了活动场所，在有木结构的餐厅，游客可以俯瞰葡萄园和自然森林的全景，并享受美酒佳肴，葡萄庄园同时也为游客举办了艺术展览和现场音乐会。

在美国西部牧场务农旅游项目，特别是建立农场学校，游客还需要交纳一定的学费才可以入学，在传递农业知识的同时，也让游客对当地的农产品有了一定的认可，起到就地宣传促销的作用。除此之外，还开展了微型高尔夫、宠物饲养、垂钓比赛、农产品采摘、自制玩具、乡村音乐会、果品展览等活动。

2. 休闲型乡村旅游模式

休闲型乡村旅游依托于乡村区域的旅游资源，开展丰富多彩的参与性旅游活动，最大限度地满足游客的需求，其最大的特点在于为了满足旅游者健康、娱乐放松、享受等高层次需求，以休闲、娱乐为主要服务内容，开发的旅游产品更需要将休闲度假作为最重要的卖点，产品的表现形式更具有新奇性、趣味性、互动性和知识性等特点。可以分为以下三种类型。

（1）休闲娱乐型

旅游者远离城市，利用假日外出进行身心的放松，而娱乐需求成为旅游者基本的旅游需求之一，休闲娱乐型是一种满足旅游者较高层次需求的旅游类型。

目前西方发达国家休闲娱乐型乡村旅游项目非常注重娱乐性，通过开展形式新颖的活动使旅客可以参与互动，满足了游客的多层次需求，获得了非常好的效果，很多发达国家都比较重视休闲娱乐乡村旅游发展模式。

在日本以美丽的乡村自然风光和各种具有特色的服务设施为载体，建立了具有当地特色的“务农”旅游模式。该模式会在每年的春天和秋天各举行一次，游客可以参与到当地农民的日常田间劳作，现场采摘农作物并做成美味的佳肴，体验乡村生活的乐趣。在日本沿海地带的岩手县，一个渔村里有50多户渔民常年接待游客，在海里捕鱼和海带加工成为当地旅游的特色，而且不受季节限制，因此吸引了越来越多游客的造访。此外在日本“水果之乡”青森县的牧场，游客可以在相关人员的指导下去牛奶场挤奶、放牧、采集果实等。日本务农旅游的方式让城市人回归自然，增进了人与人之间的交流，使身心得到调整和放松，引起了人们对农业和环保的重视。

在美国，每当瓜果成熟的季节，城里人就纷纷涌进各大农场参加采摘水果的度假活动。德国的乡村旅游十分简洁，非常注重保持乡村的自然风貌，并结合当地的自然资源开展。例如自租自种、亲近动物、瓜果采摘、集市体验、农家住宿等。意大利乡村旅游发展具有多层次性、多功能性，其服务项目包含了娱乐、文化、休闲、教育等多个方面，并开发了多种具有特色的项目，例如烹调学习活动、亲手制作工艺纪念品、狩猎、体验农业原始耕作等。法国的乡村旅游开发比较注重市场需求，更强调对于市场和消费者信息的把握，为满足不同偏好的度假旅游者的需求，开发了不同旅游主题的休闲农场，例如露营农场、狩猎农场、教学农场、农产品农场、民宿农场、探索农场、骑马农场、点心农场等。

（2）康体疗养型

现代社会的健康问题受到越来越多人的关注，为了满足人们对于健康这一需求，国外很多乡村旅游的开发模式强化了其旅游产品的保健功能，衍生出了许多与个人健康相联系的旅游产品，例如体检、理疗、按摩等，在获得经济效益的同时，满足了游客对健康的需求。以医疗保健功能而闻名的旅游区有很多，例如西班牙的海滨旅游、法国的森林旅游、古巴的医疗旅游等。

（3）自我发展型

自我发展模式的乡村旅游主要是为了满足旅客对于提升自身能力的需求，游客在当地度假村提供的场地里，可以选择自主探索学习或是通过团队交流合作的方式，使其在享受轻松的休闲中熟练使用新技能。

以日本的观鸟旅游为例，这一旅游项目是为了满足人们关注野生鸟类生活需求而专门开发的，游客可以在野鸟栖息地观察鸟类并接受专家的指导，在观赏中获取知识。除日本之外，在美国的农场旅游、牧场旅游也设置了农场学校，由专家为游客提供专业的农业知识。这种旅游与教育相结合的乡村旅游形式深受人们的喜爱，逐渐成了当地旅游的一大特色。

3. 文化型乡村旅游模式

文化型乡村旅游将文化与旅游紧密结合，向游客展示了乡村的风土人情、生产生活方式，旅游者通过自己的发现了解传统的文化和古老的习俗，例如当地的文化历史、乡村故事、村民的生活方式、乡村的民居建筑等。开发了多种以传统民族文化、乡村民族风情为主体的特色旅游项目，更好地满足了旅客高层次的文化需求。

匈牙利乡村旅游产品注重展示其丰富多彩的民俗风情，游客在观赏匈牙利田园风光的同时，也能在一砖一瓦之间发现和体味到千年文化积淀下来的民族文化和民族历史。西班牙的乡村旅游开发更加重视满足旅行者对于多种文化的需求，因此开发了很多文化旅游的路线，例如历史文化遗迹之旅、考古之旅、葡萄酒之旅、城堡游、美食之旅等。

4. 生态型乡村旅游模式

“农业＋旅游”式的乡村旅游强调以旅游带动农业提升，将农业生产和旅游活动紧密结合，互相促进，在增加旅游收入的同时促进农业的发展，形成良性互动。据预测，欧洲每年旅游总收入中农业旅游收入占 5% ～ 10%。

生态乡村旅游是农业乡村旅游中最具特色的一种旅游模式，该模式依托生态农业园，将生态农业和旅游结合，生态农业园是旅游的主要场所，旅游者可以参与农业园劳动，还可以通过购买或者租赁园中的一块土地进行农作物种植，体验农业园里的生活。波兰的生态农业旅游区的面积超过了 4000 公顷，是生态农业旅游模式的成功典范。

（三）国外乡村旅游对我国的启示

1. 提高旅游产品的品质

根据对国外乡村旅游模式的分析，可以发现国外对乡村旅游的理解不是降低生活水平到农村体验生活，而是在富有自然气息的环境中享受到舒适、便捷的现代化生活。所以，要注重提高旅游产品的品质。

2. 旅游产品多元化，展示真实的乡村生活

目前，我国的农家乐旅游项目缺乏能够体现乡村文化内涵的活动，能够表现出乡村发展历史的内容少之又少。反观发达国家的开发模式，可以发现不同地区的旅游项目，使其各具地方特色，注重展示乡村历史文化、乡村风俗

等，并在旅游区积极展开丰富多彩的娱乐活动，游客不仅感受到真正的乡村生活，还获得了旅游的乐趣，因此中国在今后的开发过程中要力求旅游产品的多元化。

3. 挖掘文化内涵，增强旅游体验

充分挖掘乡村文化内涵是乡村旅游成功的经验之一，除了满足游客物质层面上的需求，还需要满足其精神层面的需求，因此乡村旅游不仅要整合地区的物质资源，还要整合乡村的文化资源，并结合乡村的历史文化、民俗等开发新颖的旅游活动，增强游客的观赏体验。例如在欧洲，每座古堡都有专门的小博物馆，从而开展许多能够表现古堡特色的节庆活动。此外文化内涵因地区的不同而有所不同，这样一来就形成了乡村的差异化和多元化，增强了旅游竞争力，无论是酒庄游、庄园游等无一不在挖掘文化内涵上下功夫。总而言之，乡村旅游的发展道路必须沿着与生态旅游、文化旅游紧密结合的方向发展，这一发展方向是使之规范化、健康、高速发展的根本保证。同时也需要认识到乡村旅游是保护自然生态环境和传统文化的最佳方式。

## 第三节　发展乡村旅游的重要意义

### 一、乡村旅游的经济意义

乡村旅游和休闲农业是由第一、第二、第三产业有机融合而衍生出的新的旅游业态，对农业、农民、农村、城乡一体化及旅游业意义重大。乡村旅游和休闲农业的发展意义可以概括为以下几个方面。

①有利于建设新农村和构建社会主义和谐社会。

②有利于提高城乡居民生活素质，促进农村精神文明建设。

③有利于增加农民收入促进农民就地转移就业。

④有利于提高城乡居民生活水平和提高居民生活幸福指数。

⑤有利于合理配置城乡资源，促进强城乡经济、信息和技术的交流。

⑥有利于维护农业自然生态环境改善村容村貌。

⑦有利于促进农村产业结构调整，开发拓展农业的多种功能。

在欧洲，乡村旅游主要是为了振兴乡村经济，因此其经济影响一直是备受关注的问题。乡村旅游在拯救乡村、推动地方经济、扩大就业率，以及促进乡村经济多元化等方面具有积极作用，是农村产业结构调整的重要举措。

发展乡村旅游能够延伸农业产业链条，拓展当地人民就业增收空间，使其成为当地人民的重要收入来源，促进传统农业向现代化农业的转变。传统农业主要依靠土地本身的耕作，生产目标较为单一，属于投入少、产出低的自然经济型农业。通过生态农业旅游等乡村旅游经济的可持续发展，可以促进农业经济效益、环境效益和社会效益的协调发展，增加农业生产的高科技含量。

## 二、乡村旅游的社会文化意义

乡村旅游有助于增强当地社区的自豪感，推动乡村与外界的社会文化交流，平衡乡村内部及城乡间的发展差距，促进地方文化发展和遗产保护。同时对社会结构、婚姻、家庭等方面也有积极影响，可以促进社区团结和社会结构优化，如鼓励女性更加独立，拓宽村民认识视野等。是推进城乡一体化发展的有效途径。

我国乡村地区仍以种植业为主，产业结构十分不合理。乡村旅游经济的可持续发展，将使一部分剩余劳动力转移到劳动力密集型的第三产业上，促进了技术流、人流、信息流、资金流和物流向乡村地区集聚，有效改善了乡村地区的投资环境。乡村旅游把城市的各种新信息、新理念带到农村，村民们潜移默化地学起了普通话、外语和电脑，学文化、学技术成了村民的自觉行为，全面提升了农民素质。

## 三、乡村旅游的环境意义

为了吸引游客，乡村旅游目的地的田园、道路及周边环境需要美化，景观设计要具有错落有致的乡村意象。在发展过程中应注意保护生态环境，提高能源、资源的可循环利用率，保护乡村的文化遗产资源。在许多发达国家，乡村成为人们高度关注的对象，人们认为乡村是独特的，因此乡村旅游的开发要以维持乡村独特性为核心，实现可持续开发。首先乡村和农业与自然紧密相连，敏感性较高，因此乡村旅游和休闲农业的开发，在一定程度上可以引进高精度、更科学的农业生产方式来维护乡村环境，其次协调开发与保护的需要，优美的环境是乡村旅游长远发展的坚实基础，因此，保护环境成为发展乡村旅游和休闲产业的基础工作。以浙江滕头村的旅游发展为例，只有在保护好青山绿水的基础上，才有可能实现经济和社会效益，促进环境保护和可持续发展。发展乡村旅游的农村乡镇，有利于增强当地人民的环保意识，提高该地区的可持续发展。

乡村旅游的发展，使广大农民从根本上找到了实现长期富裕的渠道，不仅促进了当地经济的发展，还有效减轻了社会就业压力。乡村旅游的发展优化了农村的经济结构、加速了农村的现代化建设和基础设施改造进程，提高了农民素质和农村的文明程度，使得农民与外界的沟通面扩大，见识增加，思想观念得到转变。通过乡村旅游这座桥梁，城乡居民之间的感情得到增强。因此，乡村旅游是实现缩小城乡差距，构建和谐社会这一目标的重要途径。

# 第四章　乡村旅游的发展概况与发展模式

乡村旅游主要是通过乡村的自然与人文环境吸引游客，依托乡村的自然、人文资源和景观，将旅游活动的吃、住、行、游、购、娱结合为一体，形成乡村旅游产业。乡村旅游的发展能够实现农村产业结构的转变，充分吸收和利用农村的剩余劳动力资源，增加农村整体和农民个体的收入。同时，对于城市居民来说，乡村旅游也使其休闲娱乐生活得到了拓展，对于构建和谐社会也能够起到积极的作用。本章主要从对乡村旅游的发展概况和发展模式进行研究。

## 第一节　乡村旅游开发概况

### 一、乡村旅游开发的背景与意义

随着旅游经济的发展，乡村旅游开发的步伐逐步加快。尤其是在经济发展较好的大中型城市的近郊，乡村旅游备受广大游客的青睐，乡村旅游的开发对我国和谐社会的建设和发展有重要意义。

#### （一）乡村旅游开发的背景

乡村旅游开发的背景主要有以下两个方面。

1.城市化与经济化的发展

随着人类生产力水平的不断提高，世界工业化和城市化的程度不断加深，越来越多的人群生活在城市之中。然而，城市生活环境存在一定的问题，林立的高楼、拥挤的人群、巨大的噪声、环境的污染、单调的景观等，使人们越来越向往优美的自然环境。同时，激烈的社会竞争、快节奏的现代生活等，也使现代人承受着巨大的精神压力，受到生活的压抑。因此，许多人都渴望回到大自然，感受大自然，在一个安静、美丽、干净和开放的环境中放松身心。而乡村旅游则正是满足现代人的这种需求，使现代人回归自然、放松身心的一种旅游形式。因此，乡村旅游在现代社会的发展极为迅速。

随着现代社会城市化的不断发展，城市人口数量激增，造成了城市公共绿地和休闲设备的紧张。因此，人们为了满足休闲娱乐的需要，就对新的旅游空间产生了迫切的需求。同时，在城市化的发展过程中，人们的收入也在不断增加，这也使人们对生活质量的追求进入了更高的层次。衣、食、住、行等基本生活需求消费所占的比重不断减少，而旅游、度假等休闲消费的水平则逐渐上升。此外，工业化和机械化的发展，使生产力得到了极大的解放，将人类从繁重的劳动中解放出来，使人们拥有了更多的闲暇时间。现代交通的发展，如汽车的普及、道路条件的改善等，也使人们的出行更为便捷。这些都为乡村旅游的开发提供了便利条件。

2. 乡村资源与环境的特点

乡村地区有着广阔的土地和多样的自然景观，并且作为乡村来说，其大多数的地方和景观都保持着原始的自然风貌，再加上其独特的风土人情、民俗文化等，这些都使乡村在旅游开发中表现出一定的独特性。从自然环境上来说，乡村的自然环境受到的污染较少，空气清新、绿化程度高，且环境较为开发，置于乡村环境中，能够让人感到舒适、轻松和自在。在农村的健康、绿色的自然环境中，农业活动所获得的农产品如各种野生蔬菜、野味等，也被视为是绿色食品，受到城市游客的喜爱。既能够回归自然、放松身心，也能够购买和品尝农村的特色农产品与美食。同时，乡村旅游的目的地还保持着其较为传统的村落和景观形态，保持着原始的农业生产的形式与状态，这些都构成了乡村旅游独特的人文景观，因此，游客通过乡村旅游也能够接触到真实的、传统的民俗风情与文化。这正是乡村旅游的独特魅力。

（二）乡村旅游开发的意义

乡村旅游开发带动了乡村和国家经济的发展，其具有重大意义，主要体现在以下四点内容。

1. 为旅游领域拓展了新天地

乡村旅游的出现可以说是现代旅游业向农村拓展的一种新的尝试。现代的旅游业和农业都以生态化为发展的重要方向，这就为旅游业向农业的扩展，提供了一个很好的结合点。向乡村的扩展，能够为旅游业开辟更为广阔的市场。同时，乡村在旅游开发上也有着独特的优势，能够与现代旅游业形成互补，相互促进，共同发展。可以说，乡村旅游的开发极大地丰富了我国旅游业和农业的特色与内涵。

2. 为农村经济找到了新的增长点

乡村旅游的开发主要依托于农村的农业生产活动、自然景观和人力资源，其通过一定的规划设计，形成了具有观光、休闲、娱乐、度假等功能的区域。这样一来，在发挥乡村农业生产功能的同时，还能够使乡村的生活与生态功能得到充分发挥。对于乡村来说，旅游的开发也为其提供了新的发展机遇。既能够扩大农业生产的范围，优化农业生产结构，同时还能够提高农产品附加值，促进农业劳动力的专业，提高效益、增加收入，促进农村的经济繁荣与发展。

3. 为城市旅游热点扩散提供广阔场所

目前，城市旅游资源开发已极为密集，濒临极限，各旅游“热点”的开发接近饱和，旅游景点过于拥挤，以至于人满为患。因此，非常有必要做出其他一些选择，以缓解城市的压力。而缓解城内压力、分散城内旅游热点的有效途径便是开发城市边缘地区的乡村旅游。乡村地区具有地域宽广、地区容量大、耐力强的特点，这些特点使其具备缓解城市压力的条件。乡村旅游既能充分满足城市旅游者亲近自然、探新求异的旅游需求，也能缓解城市生活压力。对其开发，不仅更新了人们的旅游观念，也为生态旅游的发展创造了新的前景。

4. 促进城乡一体化发展

由于受传统的“二元”经济结构的影响，我国的城乡之间存在着明显的差距，城乡之间在经济、文化等方面的联系也明显不足。乡村旅游开发，就能够加强城乡之间的联系，促进城乡之间在经济、文化等方面的交流。城市人到农村进行投资或旅游，能够获得对农村更为深入的了解。城市人的到来也能够使农村更加了解城市的信息，学习城市先进的观念，以现代化的方式，对农村进行改革，建设现代化的农村。可以说，乡村旅游为促进城乡一体化发展提供了一条有效的途径。

## 二、乡村旅游的概念与特征

乡村旅游在促使时尚与原生态结合的同时，也使得农村财政收入有所增加，扩大了农村的就业机会，进而推动了社会主义新农村的建设。因此，我们有必要了解一下乡村旅游的概念及其特征。

### （一）乡村旅游的概念

乡村是以从事农业为主要生活来源，人口较分散的地方。在中国，一般指的是县城以下的广大地区，它不仅包括乡村居民区，还包括乡村的农田、森林和草地，是一个区域综合系统，也可称乡农村区域系统。

乡村旅游则指的是以乡村为活动场所，利用其独特的自然和人文资源，为游客提供包含吃、住、行、游、购、娱等活动的新型旅游经营活动。乡村旅游是一种兼具区域性、综合性的新型旅游业，其主要包括以下几种类型。

1.乡村农业观光旅游

乡村农业观光旅游就是以农业活动为基础，利用农业自然资源、景观及农业活动，为旅游者提供采摘等农业劳动体验及农村生活体验活动的旅游形式。农业观光旅游实现了旅游业与农业的结合，以及作为第三产业的服务业与作为第一产业的农业的结合，是一种新兴的旅游形式和产业，也是乡村旅游的重要组成部分。

2.乡村民俗文化旅游

乡村民俗文化旅游活动即通过利用和开发农村特色文化，以传统祭祀、庆典等各种活动形式展现农村特色文化，满足游客文化需求的一种旅游活动。

3.乡村休闲度假旅游

乡村休闲度假旅游即以农村良好的自然环境为基础，通过开发绿色食品、提供舒适度假环境，满足游客休闲度假需求的一种旅游活动。

4.乡村自然生态旅游

乡村自然生态旅游即以乡村自然生态景观为资源，使游客走进自然的一种旅游活动，山水、冰雪、沙漠等都可以作为乡村生态旅游开发的特色自然生态资源。

### （二）乡村旅游的特征

1.旅游资源的丰富性

乡村旅游的旅游资源十分丰富，既有自然景观，又有人文景观，还有各色的农业资源、文化资源等。

2.旅游分布的地域性

我国乡村旅游的分布，有着广泛的地域性特点。例如，根据民族的不同，可以分为汉族乡村和少数民族乡；根据地理位置的不同，可以分为山地乡村、平原乡村等。甚至，在一个村落之内，也有南北之分。

3.旅游时间的季节性

由于农业活动受自然环境影响较大，因此，农业活动也就具有了到一定的季节性，这也对乡村旅游造成了一定的影响。通常，农业活动是按照春夏秋冬四季来划分时间的，因此，对于乡村旅游来说，夏秋季通常为旅游的旺季，冬春则为淡季。

4. 旅客行为的参与性

乡村旅游有着极强的参与性。游客在乡村旅游的过程中，不仅可以游览自然风光，还可以参与农业生产活动中，如采摘、捕鱼等。

5. 旅游产品的文化性

我国有着悠久的农业历史，形成了独特的农业文化。不同地域的农村由于其地理与自然条件的不同，发展出了类型多样的农业文化。此外，农村文化不仅包括农业生产，还包括民俗、民间文艺等。因此，乡村旅游的旅游产品也具有文化性的特点。

6. 人与自然的和谐性

对于农业生产来说，其与自然有着密切的关系，人们对自然环境的改造和适应，都是为了获得农产品的丰收，同样在农业生产中发展出的乡村文化，追求的也是人与自然的和谐。因此，对于乡村来说，其虽然经过了不断地发展，但仍然保持着原本的自然风貌和浓厚的乡土风情。正是由于这一特征，可以使游客通过乡村旅游获得重归自然、返璞归真的感受，在乡村旅游中感受人与自然的和谐。

7. 旅游经营的低风险性

乡村旅游是旅游产业向农业生产的扩展，因此，乡村旅游是在乡村原有的农业生产资源与条件的基础上进行的开发，只是在经营方式上进行了调整，不会破坏其原有的生产形态。因此，乡村旅游的开发在难度和风险上都较低，并且能够很快获得成效。

## 三、中国乡村旅游开发概况

相较于国际上的其他国家，中国的乡村旅游起步发展较晚。因此，可以说，在中国，乡村旅游算是旅游行业的一个新领域，在研究和探讨这个新领域的过程中，不可避免地需要了解中国乡村旅游的发展历程。

### （一）乡村旅游的兴起

如前所述，乡村旅游实现了乡村工业化、城市化的发展。经济的发展，带来了居民收入的增加；生产力的提高，使生产力得到解放，增加了人们的业余时间；现代交通的发展，使人们的出行更加便利。这些都为乡村旅游的发展提供了积极的条件。随着社会的发展，人们的生活水平不断提高，在基本的生活需求得到满足后，人们开始追求更高层次的精神需求。城市发展的一系列问题，使人们越来越向往乡村的自然生活。同时，与城市的环境相比，乡村环境所受到的污染较少，空气、饮水等也都更加健康，因此，对于健康的追求成了乡村旅游发展的重要因素之一。

1998 年，国家旅游局（现为中华人民共和国文化和旅游部）推出了“华夏城乡游”，提出了“吃农家饭、住农家院、做农家活、看农家景、享农家乐”的口号，这也标志了我国乡村旅游的产生。自此以后，随着农村现代化、乡村振兴、建设美丽乡村等战略的实施，以及旅游活动生态化方向的发展，我国的乡村旅游产业迎来了难得的机遇，呈现出迅猛的发展势头。

### （二）乡村旅游的分布与发展特点

以下内容分别从四个方面介绍了乡村旅游的分布及其发展特点。

#### 1. 乡村旅游分布

①都市郊区。都市郊区即位于都市周边的郊区，由于其距离都市较近，环境优美、交通便利，在旅游开发上具有良好的优势条件，能够作为都市的“后花园”，对其进行旅游开发，可以满足都市居民旅游观光、休闲度假的需求。

②景区边缘区。景区边缘区的乡村旅游，由于其位于景区边缘，可以作为景区旅游的伴生物，进行乡村旅游的开发，包括乡村美景观光、农家生活体验等。

③特色村寨。特色村寨的特色即其在独特的历史环境和长期的历史发展中所形成的特色文化，如建筑遗迹、民俗风情等，通过对其进行旅游开发，可以形成特色村寨旅游。

④特色农业基地。特色农业基地即围绕乡村本地特色农业和农产品，进行农业观光、农产品销售等旅游活动开发的一种旅游类型。

#### 2. 乡村旅游发展特点

①我国的乡村旅游在旅游项目上主要有农业旅游和民俗旅游两种，这两种旅游项目的结合体现出了“人与自然和谐”的特点。但是，由于我国的乡村旅游目前仍处于发展的起步阶段，因此，在旅游项目上主要以农业旅游为主。

②从功能上来说，我国目前的乡村旅游主要以观光功能为主，休闲功能的开发还略显不足。

③从分布上来说，我国乡村旅游的开发主要分布于都市郊区、景区边缘，

以及一些特色农业区，这种分布特点也是由市场所决定的。

④从管理上来说，我国的乡村旅游主要是由农业部门和旅游部门进行分工管理。农业旅游有农业部门主管，旅游部门负责配合，民俗旅游则相反。

## 四、乡村旅游开发存在的问题

乡村旅游作为一种新的旅游发展方向，早已在我国出现，并进行的有声有色，但也存在着问题。

### （一）缺乏正确认识

一方面，由于传统观念的影响，有的人对于旅游开发的认识仍局限于山水风光与名胜古迹，认为乡村旅游缺少可开发的旅游景观资源，因此就造成了对乡村旅游的忽视，导致乡村旅游的开发建设缺乏支持；另一方面，对于乡村旅游的开发，也存在认识不足的问题，主要是对乡村旅游的性质与特色认识不足。乡村旅游作为一种旅游业与农业结合的新型产业，农业是其重要的基础。但是，有的开发者没有认识到农业对于乡村旅游的重要性，只是在乡村进行单纯的旅游开发。还有的开发者，为了搞旅游开发，在乡村开展大规模的建设与改造，将农业旅游区变成了文化旅游区。这些开发方式，都不是乡村旅游开发的正确形式，难以体现出乡村旅游的魅力与特点，也就吸引不到游客，最终导致了开发的失败。

### （二）缺乏整体规划

由于旅游业的开发对于区域经济有着较强的推动作用，因此，有的地区领导出于发展经济，增加收入的目的，在没有对本地乡村旅游的资源优势和客源市场进行充分分析的情况下，就一哄而上，搞乡村旅游发展造成了重复建设、功能雷同等一系列问题，既浪费了资源，又难以获得理想的经济效益。例如，在我国的一些沿海都市的郊区，其凭借着靠近都市的区位优势，有着较大的客源市场潜力。但是由于缺乏整体的规划和协调，各个区县一窝蜂搞乡村旅游，结果造成旅游开发项目雷同，相互间的盲目竞争，结果难以取得理想的效益。乡村旅游开发的这种盲目性，在农户身上也有所体现，有的农户看到别人通过乡村旅游发家致富，自己也急于搞农业旅游，因此也就忽视了市场分析与规划设计，仅凭自己现有的农业资源，就搞起了农业旅游，其所搞的农业旅游在层次和品位上都不足，配套设施也难以跟上，影响了旅游的环境与服务质量，难以吸引到游客，不仅难以致富，甚至还会因为盲目的旅游开发而负债。

（三）缺乏市场分析

要想搞好乡村旅游就必须对市场进行深入、准确的分析，包括对市场的需求、规模及变化的分析。对于乡村旅游来说，主要的目标市场就是城市，因此，乡村旅游的开发要想获得理想的效益，就必须对城市市场和游客进行全面的分析。而有的地方，既没有进行必要的市场分析，也没有掌握相邻地区的同类项目竞争情况，就盲目进行乡村旅游的开发，结果不仅致使游客数量不足，还导致了相互间的竞争。

（四）旅游产品单一

目前，我国的乡村旅游对农业资源和民俗文化资源的开发水平还有待提高。目前提供的仍主要是满足游客物质需求的旅游活动，如采摘、垂钓等，“农家乐”其只能提供餐饮、聊天等服务，缺乏深度体验农业生活的休闲项目，难以有效满足游客对于乡村旅游的精神需求与文化需求。

（五）基础设施不完善

通常来说，乡村旅游开发的所在地经济发展水平相对较低，因此缺乏资金用于旅游开发的基础和配套设施的建设，如道路条件差、卫生间数量不足且条件简陋、住宿设施条件差等，导致其卫生、安全等方面的条件较差，也就难以吸引游客前来旅游，即便有游客来，也难以获得良好的旅游体验。

（六）经营不规范

由于处于起步阶段，我国的乡村旅游在经营上也存在不规范的问题，其主要表现在以下几个方面。

①旅游项目的审批、管理不规范。有的旅游项目没有申办报告，有的审批没有经过专家论证，就自行发放审批手续。有的旅游项目则没有内纳入旅游部门的正式管理范围，开业和停业都较为随意。

②经营和服务不规范。有的旅游经营者随意定价，甚至存在宰客现象。有的旅游服务人员则素质不足，难以为游客提供满意的服务。

③考察不规范。缺乏对旅游项目的动态跟踪与考察，没有形成考评的末位淘汰制度。

④管理体制不健全。乡村旅游的管理体制尚未纳入政府行政职能，尤其是农业相关部门和旅游相关部门难以在管理、扶持等方面发挥相应的职能。

（七）资金投入不足

乡村有的开发在各方面都需要一定的资金支持，如乡村旅游的园区建设、市场宣传与营销等。但是，对于乡村和村民来说，其缺乏足够的资金。因此，这也是影响乡村旅游开发的一个重要因素。

（八）缺少政策和法规

由于旅游开发既不耽误农业生产，又能够获得额外的经济收入，因此，农民对于乡村旅游开发具有较强的积极性。但是，从政府方面来说，尚未针对乡村旅游制订相关的优惠政策和管理办法。缺少了政策的支持和法规的管理，乡村旅游就难以实现真正的可持续发展。

## 五、乡村旅游开发途径

乡村旅游是一项蓬勃发展的新兴产业，可以通过以下开发途径做大、做强这项产业。

（一）转变观念，提高认识

我国十分关注“三农”问题，这一点也体现在旅游业的发展中。我国曾多次在关于旅游业的会议和工作报告中提出，要将城市旅游也与乡村旅游结合起来，加快乡村旅游发展，以乡村旅游带动农村经济发展与就业，使旅游业在解决“三农”问题中发挥更大的作用。因此，在乡村旅游的开发中，必须做到转变观念，提高认识，充分认识和发挥农业的旅游功能，高度重视乡村农业旅游的发展，在抓好城市旅游和风景区旅游的同时，开辟乡村农业旅游的新空间、新天地。通过发展乡村农业旅游，调整和优化农村产业结构，大力发展以旅游业为中心的乡村第三产业，促进农村劳动力的转移，扩大劳动就业，增加农民收入，改变农村面貌，加快农村小康社会建设，为建设社会主义现代化新农村做出应有的贡献。

（二）因地制宜，搞好规划

我国的乡村自然环境各异，因此所形成的农业文化也不同，这使我国的乡村旅游各具特色。因此，在进行乡村旅游开发前，必须进行充分的规划，以突出自身的特色。

首先，在规划上必须坚持以下原则。

①区位优势原则。即选择都市周边或风景区周边进行乡村旅游开发，从而使其能够依靠区位优势，吸引大量的游客。

②资源优势原则。即根据自身的资源优势与特色进行旅游项目和产品的开发。

③市场导向原则。即根据游客与市场的需求进行旅游项目和产品的开发。

④综合效益原则。即在考虑经济效益的同时兼顾社会与生态效益。

从内容上来说，第一，乡村旅游开发的规划应对本地的旅游资源、农业资源、市场客源等进行调查分析，以此为基础对本地的乡村旅游开发进行科学定位，选取有特色和竞争力的资源进行旅游项目和产品的开发。第二，要进行旅游功能区的划分、基础设施建设的布局。第三，通过宣传和营销，扩大乡村旅游的市场。第四，要综合本地的区位、资源等优势，合理地对农产品和农业文化进行开发，并根据市场的需求变化及时做出调整，使乡村旅游持续保持对游客的吸引力。在乡村旅游开发前进行规划，最主要的目的就是要突出本地特色，避免重复建设与恶性竞争。

（三）坚持科学的发展观念

乡村旅游是一项立足乡村、服务城市、以农民增收为最终目的的信息产业。因此，乡村旅游产业的发展，不仅影响着乡村农业、文化等产业的发展，也影响着农村的生态环境，所以，对于乡村旅游的发展来说，必须坚持科学的发展观念，这就要求乡村旅游在开发的过程中做到以下几点内容。

①坚持以人为本。即坚持以发展农村经济，增加农民收入为本。

②坚持以农业经营为主。即在乡村旅游的开发过程中，必须将农业作为旅游业发展的基础，实现二者间的相互促进与协调发展。

③重视农村生态环境保护。良好的生态环境是乡村旅游开发的重要优势与资源，乡村生态农业与生态旅游是乡村旅游中的重要内容。因此，在乡村旅游开发过程中，必须加强对乡村环境的保护，将旅游开发对乡村环境的影响降到最低。

④加强对农村文化的保护与挖掘。我国有着悠久的农业历史和灿烂的农业文化。乡村文化也是乡村旅游的特色与吸引力所在。因此，在旅游开发的过程中，必须保护好乡村的传统文化，并对其进行大力的挖掘，开发各种文化旅游项目与活动，提高乡村旅游的层次与文化品位。

⑤以城乡一体化为基本战略。通过对乡村进行旅游产业的开发，可以将乡村旅游纳入城市旅游的大系统中，进行统一的规划与建设。从而有效提高乡村文化建设的科学性与合理性，避免近距离的雷同和重复建设，减少投资失误，实现优势互补，共享市场，平衡旅游淡旺季。同时，一体化战略还有利于乡村

旅游充分引入城市的资金与技术等优势条件，促进乡村旅游的健康发展。

（四）加强规范化管理

管理的不规范，对乡村旅游的发展会带来一定的负面影响，因此要促进乡村旅游的发展，提高经济效益，就必须实现对乡村旅游的规范管理，其具体包括以下几个方面。

①完善审批管理。对于旅游项目的审批，必须严格按照经营者申请、专家论证、领导审批的正规手续进行，防止随意、盲目发展。

②加强对经营者的管理和对服务人员的培训。对于经营者来说，要经营乡村旅游的相关项目，必须具有经营许可证、卫生许可证、安全许可证等证件。对于乡村旅游的服务人员，在上岗前需要对其进行专门的培训，获得旅游从业人员岗前培训证后方可上岗。

③加强对旅游经营者的动态跟踪考察，从安全、卫生、基础设施、服务水平、价格标准等进行多方面的考察，对于不合格者，立即敦促其停业整顿。

④加强政府组织领导。要将乡村旅游管理纳入政府部门职能，同时加强乡村旅游的相关政策与法规的制订。政府应成立专门机构，负责乡村旅游的管理、指导、监督等工作。

（五）完善基础设施条件

基础设施的建设是乡村旅游开发中的一项重要内容。乡村旅游接待游客，需要负责游客的吃、住等各方面的生活需求。由于乡村旅游的游客主要是城市居民，因此，其在生活上对卫生有着较高的要求。对于乡村旅游来说，必须重视卫生间、旅店等基础设施的建设，以满足游客的卫生需求。同时，安全也是乡村旅游需要关注的重点。对于乡村来说，其在雨季容易发生洪涝灾害，因此必须要完善排水系统的建设，以保证雨季乡村旅游的安全。对于现代的城市游客来说，供电、网络等基础设施的建设也是十分重要的。此外，在完善基础设施建设的过程中，必须以合理利用和开发为原则，以便通过基础设施的建设，改善农村环境。

## 六、乡村旅游开发优势与前景

在中国，随改革与开放的进一步放宽，各种新生事物层出不穷，赚钱的机会也越来越多，旅游业在其他行业的带动下，也是得到了绝佳机会，获得了蓬勃发展。

### （一）乡村旅游开发的优势

乡村旅游开发利用自身的优势，异军突起。其优势主要包括以下三点内容。

1.多样的旅游景观

从地理上来说，我国疆域辽阔，地形丰富，这就使我国的乡村景观类型十分丰富，如在农田景观上，就有旱作农业景观、水田农业景观等类型。在牧业景观上，又有草原牧业、高寒牧业景观等。这些类型各异的农业景观，为我国乡村旅游的开发提供了丰富的资源和优越的条件。

2.丰富的民俗文化

我国既是一个农业大国又是一个农业古国，悠久的农业历史和灿烂的农业文化为我国乡村旅游的开发提供了深厚的基础。同时我国又是一个多民族的国家，不同民族的乡村聚落，都有其独特的风土人情，因此这也使我国乡村旅游的民俗文化资源十分丰富，使乡村旅游散发着独特的魅力。丰富的文化资源，也为乡村旅游活动和产品的开发提供了丰富的内容。

3.潜力巨大的旅游市场

随着社会的现代化发展及人们收入水平的提高，人们的消费观念也在不断发生变化，人们更加追求对精神需求的满足，再加上城市在不断建设和发展的同时所带来的人口膨胀、环境破坏等问题，使得城市居民越来越向往乡村的环境，产生了极大的乡村旅游的需求。

### （二）乡村旅游开发的前景

我国作为一个农业大国，党和国家始终把解决“三农”问题，放在极为重要的位置，尤其是对于全面建成小康社会来说，“三农”问题的解决更是其中的关键。要解决“三农”问题，最根本的就是要以人为本，提高农民收入，优化农业产业结构，转移农村剩余劳动力。而乡村旅游正是解决以上问题的一条有效途径。乡村旅游通过与农业的集合，能够实现对农业结构的优化调整。旅游产业的开发，也能够制造大量的劳动力需求，广泛吸纳农村剩余劳动力，使农民获得增收。我国的乡村既有丰富的旅游资源优势，同时也有着巨大的市场潜力，乡村旅游的前景是极为光明的。未来，我国在乡村经济的发展上，必须抓住乡村旅游这一新亮点，同时在全球化深入发展的过程中，实现乡村旅游向国外的扩展，不断释放乡村旅游的生机与活力。

## 第二节 乡村旅游资源

### 一、乡村旅游资源的定义

可以从三个不同角度对乡村旅游资源予以定义。①从区域或领域的角度分析，乡村旅游资源的定义是：位于乡村地域范围之内的旅游资源；②从内容的角度分析，乡村旅游资源的内容可以分为不同的类型，主要包括：地文景观资源、水域风光资源、生物景观资源、气候景观、遗迹遗址景观、建筑景观、人文景观等；③从旅游资源的基本要点进行区分，乡村旅游资源可以按照功能分为：吸引功能、经济功能、生态功能等类型。从乡村旅游资源的划分依据我们可以看出，并不是所有的资源都能够成为乡村旅游资源，也并非只要是乡村就可以开发乡村旅游项目或是开发乡村旅游资源。

通过综合分析，乡村旅游资源指的就是那些能够有效地对潜在客户群体产生吸引力，从而被旅游产业所利用，对乡村的经济、社会、生态等产生积极影响的资源。乡村旅游资源是以乡村的自然环境为基础，以乡村的人文景观为主导的，它属于一种半自然半人工的资源类型，是物质要素与非物质要素的结合体。

### 二、乡村旅游的特性

乡村旅游是在“三农”资源的基础上发展起来的，它以满足旅游者在乡村旅游、度假、休闲等的旅游项目、旅游活动和旅游经济中的需求。我国乡村旅游已走上了一条特殊的发展道路。最开始，乡村旅游业的发展并不是市场需求推动的，而是一种开发者为摆脱贫困，致富的愿望。若干年后才逐步与世界接轨。当前乡村旅游最显著的特性主要有以下六点内容。

#### （一）乡村文化性

乡村景观作为一种旅游资源，它既不是纯粹的自然景观，也不是完全由人工雕琢的人文景观，而是乡村居民长期与自然环境相互作用、相互影响所形成的一种半自然半人工景观，这种景观具有独特的文化属性。简单来说，乡村居民在千百年的生活中发现，当他们遵循生态学原理时，就能够享受到大自然给予的恩惠，反之则会受到大自然的惩罚。在这样的较量中，乡村景观从本质上来说是一种人和自然共同创造的文化与景观的和谐互融。

乡村的各种民俗风情便是这种文化与景观和谐互融的直接体现。例如，各种具有特色的民俗节日、工艺艺术、历史建筑、地域风俗或习俗等。再加上乡村悠久的历史使得这些文化同时兼顾了神秘性与淳朴性，对于那些从没接触过乡村文化的城市居民而言，具有非常大的神色色彩和诱惑力。

（二）资源类型的多样性和广泛性

乡村旅游资源由自然环境、物质要素和非物质要素构成。它的内容丰富多彩，类型多种多样，不仅包括具有不同特色的农业景观城镇和不同特点的聚落景观，也包括丰富多彩的地域民族风情。乡村旅游资源是人与自然环境长期作用的结果，是自然环境与社会环境等要素相互渗透、关系复杂却和谐的结合体。因此，无论其中哪个要素发生变化，都足以引起乡村景观的改变。乡村景观不仅受到自然规律的支配，而且也受到社会规律的影响，这就使得乡村旅游资源具有多样性，是一个复杂的系统。除了在深山远林、沙漠地带和酷寒难耐的地区，世界上各地都广泛的分布着从事农业的居民。在自然条件的基础上，人们通过一代又一代的不断努力，创造出具有自己特色的乡村景观。这些特色乡村景观广泛的分布于世界各地，其中许多可作为乡村旅游资源。因此，乡村旅游资源在空间分布上具有广泛性的特点。

（三）资源特色的地域性、民族性

乡村旅游资源作为一种兼具自然原生态和人为干预影响的旅游资源，其受环境与人文的影响极为严重，不同的环境条件下所形成的乡村旅游资源也是不同的，哪怕是同种自然景观由于乡村与自然相处的方法不同也会呈现出不同的特征，再加上政治、宗教、文化、人口等因素，乡村旅游资源的地域性与民族性十分显著。而在信息交流频繁的城市，各民族文化逐步融合，民族与地域特色逐渐消失，这种情况下民族性与地域性十分显著的乡村，非常容易受到旅游爱好者和城镇居民的喜爱。换种方式来讲，这种具有地域性、民族性的原汁原味乡村旅游资源，对旅游爱好者和城镇居民具有很强的诱惑力。

（四）资源变化的季节性和时代性

乡村旅游资源并非是一成不变的，而是随着季节的变化而呈现出不同的特点，这种特点可以从乡村居民的生产、生活规律看出来，也可以从乡村四季不同的自然风光来把握乡村旅游资源的周期性特点。此外，值得注意的是，在不同时代中，乡村旅游资源也具有不同的特点。例如，在社会经济欠发达的古时，乡村旅游其实与欣赏自然风光并没有本质的区别，而在科学技术迅速发展的今天，乡村旅游资源中的人工属性开始凸显。

（五）资源开发的保护性

我们可以将乡村的生态环境看作是一个系统，这个系统由自然和社会两种生态组成，并且具有复杂性。相较于自然生态环境，乡村的生态环境更为脆弱，一旦被破坏就极难恢复。因此，在开发乡村旅游资源时要重视对乡村旅游资源的保护，遵循生态规律进行开发，否则不仅会使得广大农民群众生存与延续的根基遭到严重破坏，同时，乡村旅游也会失去其开发的意义和发展的活力。

## 三、乡村旅游资源的分类

乡村景观是以自然环境为基础，以人为因素为主导，将人类文化与自然环境相结合的自然文化资源综合体，可供旅游业利用。依据不同的内容可以划分为不同的类型。

（一）按旅游资源的属性划分

按旅游资源的属性划分，可分为乡村自然旅游资源、乡村有形文化旅游资源和乡村无形文化旅游资源。

1. 乡村自然旅游资源

根据经度、纬度、海拔的高度等因素可将地球划分为不同的气候带，在这些气候带的影响下，乡村旅游资源所处的自然环境也不尽相同，从而形成了一个个独具特色的自然景观。很多的乡村自然景观都具有某种地域性的特征或规律。乡村自然景观的整体外貌由其地貌条件决定，村自然景观的类型则由其地势的起伏和海拔的高低决定。例如，江南是鱼米水乡之地，大多数都是平原地带，乡村自然景观多以水乡景观为主；而在西部山区，乡村自然景观则表现为梯田景观，导致这一现象产生的主要原因就是两个地方的地势起伏和海拔不一。此外，地貌条件也对乡村自然资源的开发和利用造成了一定的影响，从而对乡村的经济发展速度产生了一定的作用，进而形成了不同经济水平下的乡村自然景观。气候条件对乡村自然景观的影响，则主要集中在动物、植物的分布和土地的类型等方面。例如，陕西以黄土为主，而东北则以黑土为主等。土壤的不同决定了农业生产制度，动物、植物分布的不同造成了乡村的牧场和渔场等分布的不同。

2. 乡村有形文化旅游资源

人类身处的一个大环境便是自然环境，人类无时无刻不受到自然环境的影响，但是人类活动也无时无刻不对自然环境产生反作用，在自然环境中刻下了人类的痕迹。对于乡村旅游资源而言，乡村居民在自然环境中所刻下的痕迹其实就是各种有形的文化旅游资源，是游客选择乡村作为旅游场所的一个基本出发点，这种痕迹往往表现为乡村独特的农作物、林木景观、交通工具、服饰等。在人类与自然环境发展的历程中，由于不同乡村原本的自然环境不同，于是形成了不同的文化旅游景观。例如，西北地区的草原牧场景观、中部平原地区的田园风光、西南地区的林区景观、城郊地区的农业景观等，可以说乡村的所有旅游资源都是自然环境与人类活动相互协调的结果，都是人类发展文化的载体，从这些景观中我们可以看到该地区的经济状况、民族文化、人口密度、生活习惯等内容。

3. 乡村无形文化旅游资源

除了显在的自然景观与有形的人文景观之外，乡村还有许多无形的文化资源，这种资源表现为一个乡村的思想意识、道德情操、价值观念、思维方式、民族性格、宗教信仰等。对于乡村旅游而言，这种无形的文化旅游资源很难直接地呈现在游客面前，但是却能够在潜移默化中对游客产生影响，增强游客对乡村的认同感。近年来，随着城市经济的发展，很多城郊乡村的乡村旅游发展起起落落，生命周期较短，原因就在于缺少这种无形的旅游资源，这些乡村有的随着城市化进程的加快，呈现出城市化倾向，使传统的乡村文化在逐步消失，也有的乡村就是为迎合乡村旅游，致使出现了先天性文化底蕴的缺失，因此生命周期较短也不难理解。而那些交通不便的乡村逐渐成为乡村旅游热点的根本原因就在于这些乡村拥有独特的思想意识、历史变革、风俗习惯等，给游客所带来的体验是前所未有的。

（二）按旅游资源的结构、组合方式划分

不同的乡村，有不同的旅游资源结构和组合方式，依据乡村旅游资源的结构和组合方式可将乡村旅游资源划分为五个类别。

1. 乡村田园旅游资源

乡村的自然田园风光是乡村旅游资源的重要组成部分，乡村的农田、瓜果种植园、人工湖等都是田园风光的一部分，游客到乡村旅游的一个重要目的就是享受乡村独特的田园风光。

2. 乡村聚落旅游资源

乡村聚落是乡村居民一切活动和生产的中心，是乡村居民各类形式的居住场所。乡村所处的自然环境的不同，决定了乡村聚落类型的不同，比较常见的有集聚型聚落和分散型部落。集聚型部落，即乡村居民沿着河流或者湖泊聚集在一起，这种类型的部落多呈团状、带状或者环状分布。分散型聚落，即乡村农民呈点状分布。随着社会经济的不断发展，自然环境对人类的束缚越来越小，因此集聚型聚落成为乡村的主流，但是在漫长的历史中，一些独特的聚落形式被保留下来，成为一种新的乡村旅游资源。

3. 乡村建筑旅游资源

乡村建筑是乡村居民居住的房屋和附属设备的总称，乡村建筑主要包括乡村村民的民居、乡村的祠庙及其他一些附属建筑等。不同的文化与自然环境孕育出的建筑形式也是不同的。例如，青藏高原的建筑以碉房为主，草原上的建筑以毡包为主，西南地区的建筑则以“干阑”为主，黄土高原地区的建筑以窑洞为主等，这些乡村建筑其实都是乡村文化的载体，反映了乡村独特的文化与当地独特的气候条件。而乡村的宗庙祠堂则是乡村历史演变、沿袭的体现。例如，宏伟的祠堂、高耸的文笔塔和气象庄严且瑰丽壮观的寺庙等，都是乡村文化的另一个表现。

4. 乡村农耕文化旅游资源

我国的农耕历史悠久，在漫长的历史中形成了各种各样的农耕文化。例如，围湖造田、水车灌溉、采药摘茶等，这些农耕文化兼具历史的厚重感与娱乐的新鲜感，对旅游爱好者有着非常大诱惑。

5. 乡村民俗文化旅游资源

乡村民俗不仅反映了某一特定地区的乡村居民的风俗和生活习惯，也是一种乡村民俗文化随历史发展的产物。乡村的民俗传统节日丰富多彩，有蒙古的白节、祭敖包、马奶结等，也有彝族的插花节、火把节等，还有藏族的女儿节、萨噶达瓦节等。除了这些传统节日外，乡村的春游、野外踏青、划龙舟、赛马、垂钓、登山等多种民俗活动或项目，都具有较高的旅游开发价值和意义。中国各地的龙灯、狮子舞、陕北秧歌儿舞、东北二人转、西南芦笙大聚会等乡村风俗习惯都很有名，还有潍坊年画、贵州蜡染、南通铁染、青田石刻、各种刺绣、草编、泥塑、面条等当地民间工艺，也因其浓重的地方特色而深受各地游客的喜爱。

（三）按旅游资源的文化特性划分

乡村旅游资源资源带有一定的文化特性，依照其文化特性，可对乡村旅游资源进行分类。

1. 物质方面的文化资源

乡村旅游物质方面的文化资源是指乡村居民个体或集体智慧的外在体现部分，这方面的文化资源具有可见性和可触摸性的特点。它包括乡村的设施建筑、乡村居民的服饰、乡村的技艺工艺品、乡村的特产、乡村景观和乡村的农牧产业等。乡村的设施建筑，如陕北的窑洞、永定土楼等；乡村居民服饰，展现了乡村人民审美观，具有一定的地域色彩、民族色彩、文化色彩和时代色彩，如土家族村落的土家织锦、傣族竹编、壮族村落的蜡染布等。乡村的技艺工艺品是由当地艺术家创作的，反映了乡村人的创造性，如豫西的民间剪纸、景德镇的瓷器、佛山木版门画等。乡村居民在居住地的选择方面有自己独特的优点，有的是为了遮风挡雨，有的是为了便于生产劳作，但乡村居民无论选取何种居住地，都是为了生存。因为乡村居民生存方式的不同，导致了地域性特色差异的产生，如漠河的北极村、鄂伦春乡村的林海雪原、梅州雁南飞茶园、海南黎寨的热带雨林等。

2. 制度方面的文化资源

乡村旅游在制度方面的文化资源是指为一定的地区为了维护乡村的社会稳定和秩序，由这一地区的乡村居民而建立的一种伦理道德和礼仪规范。这是一种关于乡村权力制度、礼仪规范和节庆程序方面的体现。乡村权力制度是指在长期的历史发展、演变过程中，为了维护乡村的宗旨、保持乡村的凝聚力、树立乡村形象，并对外起到一定防御效果而建立的一种相沿成习的权力规范。乡村礼仪规范包括两部分：乡村日常礼仪和重要礼仪。日常礼仪包括婚嫁礼仪、节假日礼仪、祭祀礼仪等。乡村节庆程序的内容包含生产节庆、纪念节庆、新年节庆等，它集中体现了乡村礼仪规范的规章制度或准则。

3. 精神方面的文化资源

乡村旅游精神方面的文化资源，指的是乡村作为一个稳定的、乡村集体所共有的社区，有着共同的心理结构和情感反应模式。这些通常表现在乡村居民的性格、价值观、人生观等方面，隐藏在物质文化景观和制度文化景观中。精神文化资源是不可见的，游客只能通过长时期的身处其境才能有所感悟或理解。例如，客家人（粤东、闽北、赣南）在性格方面具有中原地区文雅、含蓄的特点，这与东北的开放性性格形成鲜明对比。以宗祠这种物质文化建筑为中心来表现这种性格，宗祠是一种分三个圈层的同心圆结构建筑物，其最里面的一层，即中心层是宗祠，最外面一层是用来抵御外来入侵的，中间一层是客家人的居住生活区。在乡村景观的构成中，精神文化景观是核心，决定了物质文化景观的制度文化景观。制度方面的文化资源是精神方面文化资源与物质方面文化资源的中间环节，即过渡环节，是维系乡村一体化的纽带之一。物质方面的文化资源是制度方面文化资源的表现形式。

## 第三节　乡村旅游开发模式

### 一、名胜景区依托模式

景区依托模式是指依托知名的旅游景点（景区）开发乡村旅游的一种模式。这种乡村旅游开发模式将附近景区的一些服务功能分离开来，吸引周边农户参与旅游接待和服务，并融入一些乡村民俗活动中，从而促进农民增收，带动乡村的发展。我国对著名风景区的周边村庄的开发较早，这主要是因为许多著名的景点往往地处于农村地区内。乡村旅游业利用风景名胜区的地理位置和客源市场的优势，从事旅游接待服务，这是一种以风景名胜区为依托而发展的乡村旅游模式。主要代表是张家界市武陵源区张家界村的自然生态景区。

### 二、自然生态旅游模式

中国作为最先开发乡村旅游业的“先行者之一”，其主要模式包含自然生态旅游模式。它是以原始生态为基础，利用原始的自然生态环境进行乡村旅游开发。由于人口稀缺，所受到的影响较小，这些地区基本保持了原有的自然生态环境。利用这种自然生态环境下的休闲农业、野营基地，以及其他项目，可以使游客充分感受大自然的美好，享受大自然的原始乐趣。

经济市场的发展趋势表明，乡村生态农业旅游者是国内旅游市场的主体。虽然我国旅游业正由传统的观光型旅游向休闲度假型旅游转变，但从中短期来看，观光旅游仍将占据重要地位。生态农业观光乡村旅游产品需要具有持久的生命力，这就要求其不仅要在当地乡村特色方面有所突破，还要对当地旅游资源的独特优势予以充分利用，特别是在特色产品的塑造方面，除了要不断提高产品质量外，还需满足市场的需求，适应经济的发展。

观光旅游是生命周期无限的旅游产品最基本的形式。乡村旅游开发系列产品具有成本低的优势。我们可以利用现有的纯乡村自然生态景观和环境，以及农业产业园等自然资源，开发具有不同特色的旅游系列产品。并且由于这些旅游产品具有成本低的优势，在开发的过程中只需对这些自然资源进行稍微处理，甚至有些根本无须处理。例如，辽宁省丹东市庐江村有 14 个居民小组。差不多60%的农民，都是以捕鱼为生，这个村落主要由汉族、满族和西安族组成。这里北面的山水雄伟壮丽，南面的山水钟灵毓秀，是纯自然、原始生态自然风光的一种最佳呈现形式。

## 三、民俗风情体验模式

基于“民俗文化”的民俗文化型乡村旅游产品，其基本立足点是乡村。依托于乡村民俗文化、乡土人情，充分体现了农业文化、地方文化和民俗文化的特点，这是全面提升乡村旅游产品及其品味的一种方式。乡村居民的饮、食、住、行、婚嫁、祭祀、节假日的风俗习惯、民俗和民俗信仰等，无论是物质的，有形的，概念的，还是无形的，抽象的，皆被看作是开发民俗文化型乡村旅游产品的资源。乡村旅游的本质特征是乡村性，有些乡村具有自己特定的建筑特色、风情特色、民俗特色、文化特色等，这些都是乡村旅游的重要资源，对旅游爱好者和城镇居民，尤其是个人家庭市场和大学生市场有着非常强烈的诱惑。

乡村民俗风情体验旅游的具体案例有：深圳市的中华民俗文化村、北京市的民俗村、贵州的西江千户苗寨、武汉市黄陂区木兰乡的大余湾民俗村、山东安丘市凌河镇石家庄的民俗村、云南省文山州广南县的坝美村、云南省的小黄村、广西壮族自治区的红瑶等乡村旅游聚集区。

## 四、古村保护开发模式

古村聚落主要是指民国以前所建的村落，其历史沿革由来已久。这些村落虽然历史悠久，经历了时代的变迁，但是，它们在地址、环境和建筑等方面的特色保留较为完整，并未发生太大的变化，而且仍然为人们提供着某些方面的服务。

古村保护开发模式，指以古村聚落含有特色的原始建筑和浓厚独特的古村聚落文化为核心吸引物，以保护为主，因地制宜地开发旅游业，促进乡村发展的一种模式。旅游古镇建设型乡村旅游产品是以整个古镇为主体，开展旅游品牌建设的旅游项目。体现这一模式的主要旅游产品包括江南六古镇、安徽西递、安徽宏村等古村落。

## 五、养生休闲度假模式

养生修养度假模式类的旅游产品主要利用空闲、休息时间，通过旅游度假和疗养来消除疲劳，改善健康。同时，为了提高健康疗养的效果和质量，旅游的地区也需要有更好的配套设施和服务设备。身处于当今的社会环境下，人们大部分都处于亚健康状态，这主要是因为繁重的工作和学习任务，以及激烈的社会竞争所产生。因此，人们对健康养生疗养有很强需求。乡村具有优越的环境和气候条件，这就为休闲旅游度假和健康疗养提供了良好的物质基础。根据不同的环境、气候等资源优势，可以开发养生休闲乡村旅游或活动。例如，阳光浴、森林浴、户外健身运动、泡温泉、无污染绿色饮食等。

根据旅游业数据显示，当人均国内生产总值达到3000美元时，旅游业将出现爆炸性需求，旅游业形态也将进入以养生休闲度假为主的时期；当人均国内生产总值达到5000美元时，将形成一个成熟的养生休闲度假旅游经济，休闲需求和消费能力将日益增加，并呈现多元化趋势。2018年，我国平均国民总收入达9732美元，养生休闲度假早已呈现出现如今旅游业发展的趋势。无论是在自然环境和文化回归方面，还是在时间和经济成本等方面，乡村度假都具有相对较大的优势。养生休闲度假模式是乡村旅游应重视和关注的发展类型之一。乡村养生休闲度假旅游产品主要以休闲、度假为主，人们在山清水秀、地域特色浓郁的乡村里待上几日，不仅可以体验乡村地区的衣、行、食、住、乐等，还可以轻松愉快地感受、了解当地的民间艺术、风土民情和民间技艺等。这种旅游产品既强调了自然环境与景区（或村庄）当地居民的和谐共处，也强调了自然环境及旅游者的和谐共存。节假日，城镇居民可以在周围的农村闲逛，或到农民果园摘果子，或到山里的水中钓鱼，或到野外聚餐等，农民也热情地邀请城镇居民参观自己的家，并来家中做客，住在农家，睡在土炕里，吃农家饭。

20世纪90年代以来，农家乐在城市郊区得到了广泛的传播。它是以农业和农村消费为特征的旅游、娱乐和休闲度假场所的总称。它的服务项目包括四季水果蔬采摘、爬山、户外踏青、野外捕鱼、体验农场工作、品尝农场食物等。其特点是，在政府的指导下或市场的驱动下，农民自主经营，自成单元（即一家一户自成一个经营单元），投资少，组织灵活。最具这种形式的农家乐代表是我国四川成都五朵金花的庭院。三圣乡举办“中国成都市第一届花展”之际，“五朵金花”集中财力、物力、人力，借势造势，由政府规划，在原有花卉管理的基础上，针对花博周边的五个村庄因地制宜、错位发展，在12平方公里的土地上，分别建设了花乡农居、幸福梅林、江家菜地、东篱菊园、荷塘月色等各具特色的旅游村，这五个旅游村被人们称为“五朵金花”。

农庄旧指地主的庄园，现指农场建筑及其附近作业区，泛指包括建筑物在内的农场、农村的村庄。休闲农庄是以农业生产和乡村生活为基础，以农耕文化为核心，以乡村景观为依托，为游客提供乡村生产、乡村生活等休闲体验，并提供衣、食、住、行、乐、购等于一体的基本服务设施。它是一种以农村庄园为经营单位的乡村养生休闲度假旅游模式。

乡村饭店（酒店）是以乡村饭店（酒店）为主要旅游接待设施场所而开发乡村旅游的一种模式。乡村饭店（酒店）是集休闲、娱乐和学习为一体的综合性旅游住宿单位，同时也是集农业景观、乡村住、食、乐等服务设施于一体，共同为游客提供乡村养生休闲度假体验的企业实体。例如，四川都江堰地震后新建的品牌连锁乡村酒店等。

乡村俱乐部度假也是养生休闲度假模式的重要形式之一。主要包括的项目有乡村游泳俱乐部、乡村观光旅游俱乐部、乡村垂钓俱乐部、乡村户外踏青俱乐部、乡村高尔夫俱乐部、乡村户外野炊俱乐部等。

除此以外，还有一种休闲度假模式，即中学的修学度假形式。乡村不仅拥有丰富的地方旅游资源，同时还拥有形式多样的科普教育资料，这些资源基础可以开阔城市青年学生的视野，同时，陶冶他们的情操，提高他们的综合素养，使他们形成健康、正确的人生观，并使他们了解、掌握更多方面的知识。例如，有关农学、生物学、乡村文学方面的知识。

## 六、品牌节庆旅游模式

由于旅游行业的崛起以及旅游业的快速发展，旅游景点的数量和类型也在不断增加。品牌节庆旅游模式是一种旅游营销产品的活动项目，以其巨大的形象传播和集聚效应、经济效益的峰值效应和对相关产业的带动效应，吸引了大量旅游企业和旅游地的广泛关注。1983 年，中国最早的旅游节庆——牡丹花节，在河南省洛阳市创办，成为全国各地建立政府主导的旅游节庆活动的先行者。1990 年至 1999 年期间，中国的旅游节庆和地方特色经济，更是紧密地结合在一起，相互补充和渗透，使产业类节庆旅游模式、产品类节庆旅游模式的悄然兴起。21 世纪初，我国在思想、内容、形式、运作和组织等各方面对旅游节庆旅游模式进行了进一步的调整和完善。目前，全国每年将举办 6000 多个旅游节庆活动，吸引了大批国内外的游客。乡村节庆节日是展示乡村文明和民俗文化的有效介质，是开发乡村旅游、繁荣农村经济的有效“武器”。创建和策划乡村旅游节庆活动是发展农村旅游市场的最有效的途径之一。

## 七、现代乡村示范模式

在社会主义新农村建设中，一些村镇的集体经济发展的比较繁荣发达，成了社会主义新农村建设的典范。例如，江苏省江阴市花市镇花溪村就是现代乡村建设的典范，这个村落不仅风景美丽，而且环境整洁，一直享有“世界第一村”的称号。该村占地30平方公里，人口约3万人次，每年会吸引一大批来自全国各地的游客，在建设社会主义新农村方面取得了显著成绩。

## 八、特色产业聚集模式

乡村特色产业是指以乡村独具特色的自然地理和独具优势的人文社会资源（原产地）为基础，以独特的技术工艺手段和极大的商业开发价值及潜力面向市场中且具有一定规模和独特性、排他性、开放性的产业。乡村特色产业的上下产业链，不一定要有多长，但必须具有适度性，有恰当的规模。因此，如果乡村特色产业要实现健康快速的发展，并有效的带动区域生产要素集聚，以及最终成为提升区域经济竞争力的重要因素，那么就需要合理科学地选择其发展之路，即走集群发展的道路。例如，上海崇明岛南江村就是一个集举办创意集市、乡村涂鸦、文艺主题沙龙等乡村创意产业为一体的集聚区。

# 第五章　景观营造与美丽乡村建设

旅游景观是农业旅游的对象。本章研究的焦点是农业自然资源的旅游景观化，也就是旅游景观的营造。农业旅游景观指的是以农业动植物及其赖以生存和发展的土地、田园、水域和环境，乃至整个农村地区为载体，以农业物质产品生产为内容，以农业审美产品生产为形式，可进行吃、住、行、游、购、娱等旅游活动的吸引物。

## 第一节　乡村旅游景观的内涵与特征

### 一、农业旅游景观的内涵

#### （一）农业旅游景观的生产内容

农业旅游景观往往以农业物质产品，特别是以稻谷、糖料、油料、蔬菜、水果、木材、猪、牛、羊、鸡、鹅、鸭、鱼、虾和蟹等农产品的生产来形成景观，并往往以农产品的高产优质来彰显景观的价值。

高产优质品种的选育、栽培、种植体现了这一点，高产稳产田园的培育、耕作、建设也体现了这一点，同时田园道路的修建和农业机械的使用虽不像农作物一样，直接生产农产品，但是，却间接地通过人机出入的方便和田园的犁耙等作用于农作物，来影响农产品的生产。

#### （二）农业旅游景观形式

农业旅游景观往往通过农业审美产品的生产，形成足以引发人们审美情趣、愉悦人们审美心理和满足人们审美需求的美观的产品、健美的植株和美化的田园，以及民俗化的村庄和生态化的自然。

例如，都是种植西瓜，种植方形西瓜较种植圆形或椭圆形西瓜则能很好地体现这一点；都是种植苹果，种植盆景苹果较种植园地苹果则能很好地体现这一点；都是种植作物，种植园艺化作物较种植大田化作物能很好地体现这一点。

### （三）农业旅游景观的目标

众所周知，吃、住、行、游、购、娱是旅游的六大要素，因此，作为农业旅游景观必须能进行吃、住、行、游、购、娱。即农业旅游景观不但可满足游客的审美需求、品读需求，而且还可满足游客的吃、住、行、游、购、娱等方面的需求。

如果说田园风光可满足的是审美需求、品读需求的话，那么，农家饭、农家宅、乡村道、小木船、农产品、民族舞等则满足的是吃、住、行、游、购、娱等方面的要求。

值得强调的是，这里的吃、住、行、游、购、娱不是一般旅游的吃、住、行、游、购、娱，而是充满农趣的项目。

## 二、农业旅游景观的类型

### （一）农产品景观

农产品景观，指的是农产品形成的农业旅游景观。

农产品景观存在的方式有两种：一种存在于农作物之中，作为农作物的器官之一；一种以独立的方式，离开农作物，存在于农作物之外，如篮子里、餐桌上、市场中等。

农产品景观的类别也主要分为两种：①纯自然的，即农作物品种本身生长发育形成的；②人工化的，即通过人工物理的、化学的或其他的方法处理而形成的。

前者如圆形西瓜或椭圆形西瓜和普通苹果，后者如方形西瓜和长噶额苹果等。

对收获后的农产品，也就是离开了农作物之后的农产品，进行人工摆设，可以形成各种图案，即各种景观，如正方形、长方形、圆形和正方体、长方体、圆锥体等。在海南岛和雷州半岛的公路两旁，常常摆设有椰子、木菠萝、菠萝、香蕉和木瓜等水果，其摆设十分讲究，一档成型，一排成景，的确很美，完全可以说是农产品景观，无不吸引着路过的客人，并使得他们停车、驻足、欣赏和购买。

### （二）作物植株景观

作物植株景观，指的是作物植株形成的农业旅游景观。

作物植株景观与农产品景观不同，只有一种存在方式，即存在于田园中。

因为作物植株景观以作物植株为载体，而作物植株是生命体，每时每刻都在生长发育，营养在输送，物质在合成，细胞在分裂，根在伸，芽在抽，茎在拔，叶在长，花在开，果在结，但一旦离开田园，离开田园这一载体，离开田园的固定及其水分、养分的供应，生长发育就会停止或者受制，生命也就走向死亡。大田里栽培的苹果和番薯形成的景观是作物植株景观，上面提到的盆景苹果和无土栽培番薯所形成的景观也是作物植株景观。

作物植株景观的营造可通过摆设，如将盆景苹果摆设成方形、长方形和圆形等各种平面图案，和梯形台阶体、弧形台阶体和圆锥体等各种立体图案，更主要的是可以通过植造将叶色、花色、果色不同的作物或品种种植成各种文字和图案等。

（三）田园景观

所谓田园景观，就是田园形成的农业旅游景观。

与作物植株景观一样，田园只有一种存在方式，只存在于自然中。田园是耕作化的自然，只存在于自然中。在营造中必须注意如下两个层面。

第一个层面，作物必须与田园中的田块、田埂、沟渠、道路、林带、机井、水池、棚架和电网等田园要素协调一致。主要应体现在各田园要素的组合符合美学规律中。

第二个层面，田园必须与周围环境协调一致。其协调一致除了应体现各田园要素的组合符合美学规律外，还应体现田园作物与周围植被在生态上的相一致，如在种植菠萝等热带作物的田园四周，其植被应是蜈蚣草等热带植物。

（四）自然景观

所谓自然景观，是指自然形成的农业旅游景观。

1.天然型自然景观

指的是不经过人工改造而自然存在的自然景观。天然型自然景观完全是自然创化的结果，也就是自然资源在自然力、生态力长期作用下的结果。

2.人文型自然景观

指的则是根据人们的审美需求，对大自然进行适当、必要的人工改造，使其成为符合人们审美需求的自然景观。人文型自然景观基本也是自然创化的结果，也就是自然资源在自然力和生态力长期作用下的结果。

人文型自然景观的价值或美的价值也在于其自然性、生态性、典型性和代表性，人为的作用或意义主要在于其自然性、生态性、典型性和代表性的突显。

（五）人文景观

人类生活和活动、特别是人类文化生活和活动形成的农业旅游景观，就是人文景观。

在广阔的乡村，在漫长的历史中，人们的生活和活动无不遗存这一大批具有历史价值、文化价值、审美价值、欣赏价值的景象，如寺庙、祠堂、古民居、名人遗迹、重大历史事件遗址和公园等。这些景象经过人们的打造，就会成为供人们旅游的景观——人文景观。一代伟人孙中山的故居位于中山市翠亨村，它是孙中山出生和曾经生活的地方，遗存着孙中山的生活痕迹，是人们旅游的理想目的地之一，也是典型的人文景观之一。

人文景观的价值或美的价值在于其典型性和代表性。基于此，营造的作用或意义有以下两点。

一是使人文景观的典型性和代表性得以充分地表现。

二是使人文景观得以极好地保护，而保护的原则是修旧如旧。

（六）农舍景观

农舍形成的农业旅游景观，即为农舍景观。

在广阔的乡村，在漫长的历史中，人们无不自觉地根据当地的地理环境、气候条件、生活习惯和经济水平等条件，建立起富有地区适应性、居住实用性、文化多元性和审美价值性的民俗化农舍。苗族地区的人们根据当地山多水多、平地少的特点，依山傍水地建起了吊脚楼。内蒙古地区的人们则根据草原辽阔和游牧生活的特点，建起既利于收缩、转移，又利于防风、御寒的蒙古包，如此等等。这些民俗化的农舍都可作为农业的旅游景观。

农舍景观的价值或美的价值以地区适应性和居住实用性为基础，以文化多元性和审美价值性为内核和表现。因此，营造的作用和意义在于凸显和张扬文化多元性和审美价值性，揭示和阐述地区适应性和居住实用性。

（七）村庄景观

由村庄形成的农业旅游景观，就是村庄景观。

在广阔的乡村，在漫长的历史中，人们同样根据当地的地理环境、气候条件、生活习惯和经济水平等条件，建起布局客观化、村道硬底化、住宅民俗化、庭院园林化、绿化地方化、村庄卫生化、古树名贵化、文化保护化的民俗化村庄。这些村庄富有地方特色、民俗特色，往往寓现代理念于民俗文化之中。

（八）乡村景观

在乡村，在田园，在农业观光园，在乡村旅游区，农业旅游景观往往以整个乡村的方式存在和表现，以包括田园、村庄和自然在内的整个乡村的方式存在和表现。这就是乡村景观。

在农业观光园，往往有荔枝、有龙眼，果实挂满枝头，一棵棵的荔枝树、龙眼树构成一块块荔枝园、龙眼园，一块块的荔枝园、龙眼园又构成一幅幅荔枝田园风光、龙眼田园风光，在荔枝田园、龙眼田园中，农民在提着篮子采摘荔枝、龙眼，从而构成园区景观。

乡村景观的建设主要在于以下两个方面。

一方面是发现和利用。即善于发现和利用自然形成的乡村景观和对人们在潜意识支配下建成的乡村景观。如哈尼族梯田就是哈尼族人在潜意识的支配下，在长期的生活和生产中逐渐建设起来的，能够将生产性、生态性和审美性极好地统一。经人们的发现和利用，现已成为旅游景区。

另一方面是建设。即根据人们的审美需求和旅游需求，对乡村进行建设。如各种各样的农业观光园等。

（九）农业劳动工具景观

由农业劳动工具形成的农业旅游景观，即是农业劳动工具景观。

众所周知，劳动的进行、工具的使用使猿变成了人，使人区别于动物，更伴随着人类的发展。在长期的农业劳动中，人们创造了一系列与生产发展相适应的农业劳动工具，如锄头、镰刀、扁担和水桶等简单工具，喷雾器、风车、水车和手摇井等半机械工具，手扶机、拖拉机、机耕机和机井等机械工具，计算机、电子测肥器、电脑和网络等智能工具。

在这些农业工具中，不少在造型上具有审美意义，在设计上具有技术意义，在信息上具有文化意义，从而可以审美、品读、体验。例如，土糖寮是土糖寮时代的甘蔗压汁制糖设备，不但具有榨蔗制糖的功能，而且是现代制糖设备设计原理的源泉。因此，通过它，可以了解土糖寮时代的甘蔗糖业，可以体验土糖寮的榨蔗制糖，可以追溯现代制糖设备榨蔗原理的源泉，可以品读甘蔗糖业的文化。

1.农业劳动工具也有两种存在方式

一是可移动的农业劳动工具可存在于任何地方。锄头、镰刀、扁担和水桶等农业劳动工具是可移动的，可放置在房屋内，也可放置在院子里，还可放置在田头上。

二是不可移动的农业劳动工具只存在于其建设时所处的地方。如机井、水池、电网和棚架等农业劳动工具是不可移动的。

基于这一前提，农业劳动工具景观的营造应分类进行。对可移动的农业劳动工具主要在于保护利用和场景摆设。保护利用主要针对昔日的、特别是远久的农业劳动工具，如石刀、石锄、石斧等，其原则自然是修旧如旧。

场景摆设则对任意可移动的农业劳动工具都适合。不过，需要注意以下三点内容：一是将同类型的农业劳动工具摆放在一起；二是按农业劳动工具生产的时间顺序排列，一般来说，由古到今排列，以反映发展历程；三是讲究空间布局，强调整体美。

2.对不可移动的农业劳动工具则应区别对待

①对原有的已建农业劳动工具着重于保护利用，修旧如旧，凸显价值。

②对眼下的新建农业劳动工具则着重于造型艺术，文化塑造，群体组合。

### （十）农民生活用具景观

农民生活用具景观，就是由农民生活用具形成的农业旅游景观。

就像农业劳动工具可以成为农业旅游景观一样，农民生活用具也可以成为农业旅游景观。农民生活用具可分为吃的用具、穿的用具、住的用具、行的用具和娱的用具。吃的用具如碗、筷和盆等；穿的用具如衣、裤和鞋等；住的用具如桌、椅和凳等；行的用具如牛车、单车和摩托等；娱的用具如弹弓、陀螺和麻将等。

显然，农民生活用具景观几乎都是可以移动的。也显然，农民生活用具景观在营造上与可移动的农业劳动工具基本相同。

### （十一）农业劳动景观

农业劳动景观，即由农业劳动形成的农业旅游景观。

人体也是审美客体，也可成为审美对象。作为人体肢体运动的农业劳动也可彰显人体肢体运动美，也就是农业劳动美，如插秧、锄地和摘果等。人们插秧时，双脚叉开、弓着，“脸朝黄土，背朝天”，右手拿着秧，左手插着秧，一边插秧，一边后退，每插满前面的田地，就向后退一步，每后退一步，则用右脚拨平前面的田地。就这样，人们身体和四肢的密切配合、完美运动，实现了插秧的目的。

显然，农业劳动景观，是在农业劳动中自然形成的，其价值或美的价值主要在于发现。

### （十二）农民生活与活动景观

在农业旅游景观中，还有由农民生活与活动形成的景观——农民生活与活动景观。

农民的肢体运动可以形成农业劳动景观，也可以形成农民生活与活动景观。农民生活与活动的内容是丰富的、多样的，可归纳为日常生活、社会活动、政治活动和民俗活动。日常生活就是指吃、穿、住、行；社会活动主要是乡村事务活动，如乡村公益事业活动等；政治活动指的则是农村基层组织建设活动、选举活动等；民俗活动包括乡村的红事白事、节日庆典等活动。就此来说，最有审美意义的应该是少数民族的服饰、歌舞和生活习俗等。我国是一个多民族的国家，56 个民族有 56 个民族的生活与活动方式，并在“十里不同俗，百里不同风”的氛围中派生出一系列丰富多彩的生活与活动方式，形成一道道亮丽的农民生活与活动景观。

## 三、农业旅游景观的特征

### （一）田园性

所谓田园性，就是农业旅游景观以田园作为存在和表现的载体的特征。

农业旅游景观主要是通过农作物来形成的，而农作物的生长发育离不开田园，需要田园的固定，需要田园提供养分、水分，因此，农业旅游景观必须以田园作为存在和表现的载体。不过，这里的田园是广义的，包括种稻的水田、植蔗的坡地、栽菜的园地、营林的林地、牧羊的草地、养鱼的水域，包括一切已经利用、准备利用来从事农业的土地，甚至包括整个农村地区（包括农村地区的道路、城镇、集市、村庄、厂矿、水域和自然等）。

### （二）农业性

所谓农业性，则是农业旅游景观以生产农产品作为存在和表现的形式的特征。

这里的农产品如上面所述，包括籽粒、果实、叶片、茎秆、块根、花朵、畜禽产品和水产品等八大类，即是可满足人类对淀粉、脂肪、蛋白质等营养需求，甜、酸、苦、辣等味道品尝需求和糖料、油料、木料等原料需求的农产品。作为农业旅游景观，到了收获季节，若不是硕果累累，那么，这样的景观是不会给人以美的感受的，美的起源“羊大为美”讲的就是这一道理。

农业旅游景观的农业性通过园林景观和盆景景观的论述可进一步凸现，在园林景观和盆景景观中往往也通过种植与农作物相似的植物来形成，如酸荔枝。酸荔枝虽然也开花挂果，但由于缺少品尝性而往往不为人们品尝，即这时的酸荔枝并不是为生产荔枝而栽植，而是纯粹作为景观而栽植。园林景观和盆景景观都没有农业性。同样，城市景观、山水景观等其他景观更是这样，即其他任何景观都没有农业性。

（三）季节性

季节性，指的是农业旅游景观的产生、形成和发展具有季节规律的特征。

农业生产是自然再生产和经济再生产的过程，无不受到自然资源运动规律的制约和作用，受到春、夏、秋、冬四季和二十四节气等自然资源运动规律的制约和作用，从而表现出季节性。

显然，园林景观、盆景景观和山水景观等也有季节性，因为这些景观的主要构成物之一的植物也无不受到气候的影响，并随着气候的变化而变化。事实上，有的园林就设计有表现季节变化的植物景观。游客通过对这些景观的观赏，就能认识季节的变化。尽管这样，园林景观、盆景景观和山水景观等的季节性也没有农业旅游景观这么明显。

那些不由或几乎不由植物构成的景观，如城市景观等，就几乎没有季节性。

（四）地区性

地区性，指的是农业旅游景观的产生、形成和发展具有地区规律的特征。

自然资源的运动规律不但表现出季节性，而且表现出地区性，如气候从南到北形成热带、亚热带、温带和寒带，土壤从南到北形成砖红壤、红壤、黄壤、棕壤和暗棕壤。在自然资源区域规律的制约和作用下，农业生产自然表现出地区性。都是制糖原料，甘蔗适宜于热带、亚热带地区种植，甜菜则适宜于温带地区种植，即甘蔗旅游景观只能在热带、亚热带地区营造，甜菜旅游景观则只能在温带地区营造。

受自然资源运动规律支配和影响的园林景观、盆景景观和山水景观也具有地区性。其中甘蔗和甜菜既是作物，也是植物，当其作为植物时，作为构成园林景观、盆景景观和山水景观的要素的时候，其地区性就以植物的形式表现出来，从而使园林景观、盆景景观和山水景观具有地区性。无疑，其地区性的程度完全取决于甘蔗和甜菜等植物在景观构成中所占的份额。不受或少受自然资源运动规律支配的那些景观，如城市景观，就没有地区性。

（五）审美性

农业旅游景观具有能够引发人们的审美情趣、愉悦人们的审美心理、满足人们审美需求的特征，这就是农业旅游景观的审美性。

审美是旅游的主要内容和形式，因此，作为农业旅游景观应该具有审美性。不过，农业旅游景观的审美性应该在具有农业性的基础上实现。就玉米来说，多彩玉米和传统玉米都具有农业性，但多彩玉米比传统玉米具有审美性；就苹果来说，盆景苹果和大田苹果都具有农业性，但盆景菜果比大田苹果具有审美性；就田园来说，农业观光园和一般田园都具有农业性，但农业观光园比一般田园具有审美性。营造农业旅游景观，就应该选种多彩玉米，制作盆景苹果，建设农业观光园。

审美性在一般的田园中往往是不具有的，或者可以说，这是农业旅游景观与一般田园的最大区别。在一般的田园中，生产的往往是传统玉米，而不是多彩玉米；种植的往往是大田苹果，而不是盆景苹果；建设的往往是一般田园，而不是农业观光园。

审美性在其他景观中往往是具有的，这是农业旅游景观与其他景观的共同之处。园林景观、盆景景观、山水景观和城市景观等都具有审美性。

（六）旅游性

农业旅游景观具有能够进行旅游活动的特征，是农业旅游景观的旅游性。

众所周知，吃、住、行、游、购、娱是旅游的“六要素”，因此，作为农业旅游景观也应该具有旅游的“六要素”，也就是应该具有旅游性。当然，作为农业旅游景观，不可能也不必要个个都同时具有旅游的“六要素”，但却应该至少具有旅游“六要素”中的“一要素”，也就是要具有旅游性。农产品营养丰富、品质优良、安全卫生、口感适宜、外观美观，“吃”的要素就体现了；农舍民俗风格、造型别致、卫生舒适，“住”的要素则体现了；乡村道路和田园道路硬底清洁、休闲情趣、人机均宜，“行”的要素就表现了；作物植株青枝绿叶、硕果累累、株型讲究、构图美观，“游”的要素则表现了；果实自采自摘、可购可带、公平交易，“购”的要素就凸现了；果实成“工艺品”，植株成“猪牛羊”，田园成“菜迷宫”，“娱”的要素则就呈现出来了。

一切景观都可欣赏，但不一定可旅游，要可旅游，必须具备吃、住、行、游、购、娱六要素。其实，这是很容易理解的。假设有一座孤岛，很美，但却远离大陆，上面既没有吃的，也没有住的，是不能旅游的。这就是旅游景观、也就是农业旅游景观与一般景观或非旅游景观的区别。

## 第二节　美丽乡村的农居建设

### 一、民居建筑整体设计思想

#### （一）民居建筑设计的现实需求

1.美化乡村建设的需求

当前我国处于社会经济发展转型的关键时期，社会经济发展重点逐步向乡村和小城镇倾斜。我国尤其乡村蕴藏着巨大的发展潜力，近年社会各界关注乡村发展，物流经济、创客企业、旅游经济都在乡村蓬勃发展起来。与经济发展相适应的，是乡村的物质环境建设。民居建筑是乡村物质空间的主体，优美舒适而又富有传统地域文化特色的民居建筑，是当前村镇建设中最基本的需求。

2.改变贫困荒芜的乡村面貌的需求

随着城镇化建设的加快，原有村民分散居住，许多村民搬迁至新型镇区，仅有少数老人留守，农民自建的民宅缺乏统一的规划和设计，且部分破旧倒坍，或储藏杂物，或做养殖用途，有些建筑年代久远，局部倒塌，村容村貌及卫生状况堪忧，缺乏管理，安全情况不甚理想，改变荒芜的农村面貌是当务之急。

3.建设集约型社会的需求

农村老旧住宅大量存在，有些虽然仍处于设计寿命期，但功能、设施、外观已不能满足当前需要，如何在已有的限制条件下为旧建筑注入新的生命力，完成农村旧建筑的改造，成为近几年来关注的热点问题。建筑建造及使用过程中会带来环境污染，需要节能减排。倡导改建，可以比新建建筑节省主体结构的费用，而这占总资金的绝大部分，且原有的基础设施可继续利用，建设周期短经济。

#### （二）民居建筑设计思想

相对于城市建筑，乡村民居建筑更富有中国特色，设计应当遵循尊重地域文化、生产与生活相结合、传统与现代相结合的整体设计理念。

1.尊重地域文化

地域文化是民居建筑的灵魂，设计中要深入研究体会地域文化的综合内涵，了解地理自然环境、民俗生活、信仰与民居建筑之间的密切关系，向传统文化学习。民居建筑反映了当地的生活习惯和文化传承，建造方式可能是原始的，但更能适应当地气候。农村建筑相比城市设计而言随意性较大，建筑风格不统一，设计需要根据建筑物的现状条件梳理归类，分别对待。

无论保留还是拆除、改建还是扩建，都不能简单粗暴地照搬城市建筑。建筑师要虚心向民间学习，学会充分利用建筑材质特性因素，使建筑更加紧密地植根于地域环境，形成对地域建筑文化的延续，要珍爱每一份乡村里的人文情感。

许多项目改造后，虽然镇上的新房干净又卫生，许多农村的老人还是不愿搬走，因为他们见证了农村发展的历史和延续性，在广袤的农村，心灵可以得到慰藉，对这种空间和时间上的文化认同构成了情感归宿。建筑只有承载并延续了物质和非物质文化资源，才能与环境共鸣。

2.生产与生活相结合

乡村民居建筑与城市住宅最大的差异就是，在乡村中生产与生活通常是叠加在一个空间的，最简单的例子就是农业生产工具在民居内存放使用。传统的农业、手工作坊等都是与民宅在一起的，即便是现在，年轻的创客一族给乡村注入新的活力，民宅也是重要的生产资料。民居建筑的设计要充分结合乡村的发展特色，在满足乡村发展经济产业定位的同时又满足居住生活需求。民居是乡村组成的重点内容，乡村的发展还是要依靠大量的农民，要解决“三农问题”也需要民居建筑与之相适应。

3.传统与现代相结合

乡村发展最重要的表现是人居环境的改善。传承传统文化的同时，满足现代生活需求，这是现阶段乡村发展的共识。尊重传统生活习俗，保护优美的村庄风貌，同时引入现代服务设施，大大改善居住舒适度，是乡村民居设计的根本目标。

## 二、现代农房风貌改造设计

现代农房风貌改造主要是由于近年大量民间自建住宅，其中大部分施工粗糙、缺乏设计，更与传统文化不相关，但是民居内部通常都是比较现代的设施，结构也比较稳固。这类民居改造的目的更主要是出于对美丽乡村发展的实际需求，同时也是为一个地区乡村民居建设做一个范本实验。传统民居的改造属于“保外改内”，而这种现代农房改造属于“改外留内”。

### （一）改造内容

1. 墙体改造

将整体墙身材质色彩更换，在入口大门、窗套窗台、屋顶檐口等部位进行重点装饰。墙身整体改造风格接近于传统乡土建筑特色。墙身突出传统乡土特色，通过麦秸泥、黄泥，用扫把刷丝等手法，形成粗糙而富有自然肌理的效果。

2. 窗改造

窗洞内部在原窗外侧增加一处木质窗套，酌情可增加外层窗，形成内外两层窗，加强外墙保护隔热效果。窗洞外部进行装饰处理，在窗台、窗楣等处增加碎砂卵石、粉刷特殊颜色等，以强化窗口。

### （二）改造手法

1. 麦秸泥

原水泥外墙面拉毛，挂竹片或铁丝网，增强挂泥牢固性。麦秸泥混合抹平后，主要保留天然材质色彩。

2. 卵石墙裙

近地面贴墙砌筑本地毛石、卵石，厚度不小于150毫米，石材既增添墙面效果，同时作为上部麦秸泥的承重层，并避免近地面麦秸泥被碰撞或被雨水浸润造成破坏。

3. 窗处理

在窗洞外围增加一圈白色粉刷涂料，要求色彩鲜亮、涂抹平整，与麦秸泥的粗糙形成对比。窗框外层增加黑色断桥铝窗套，形成内外双层窗，增强保温效果。突出窗洞的内凹效果，在天光下形成深投影，与外圈白色形成明显对比，通过对比强化视觉冲击力。

4. 女儿墙重点装饰带

女儿墙部分划分为以下三段。

①顶部压顶：砂砾石混凝土压顶，刷白色。

②中段：棕红色装饰带，可由村民绘制细节纹样。

③下部“鼻子”：外墙麦秸泥的顶端收头处理，刷白色。

## 三、乡村现代民居设计探索

近些年，我国各地在新农村建设中探索设计了新农村户型，普遍是借用城市住宅形式，让农民上楼。这种设计要与当地的社会经济和农民生产方式相适应，断不可搞一刀切，全部上楼。从近年新农村建设的经验和教训来看，照搬城市住宅大大破坏了乡村文化，美丽乡村建设中更应该探索的是在传统生产生活习俗的背景下进行新民居的设计。

新民居的设计中要有传统住宅空间的继承和发展，而将装饰做法和建造方式相结合，可以突出体现现代装饰审美艺术。乡村民居设计应体现地域文化，下面以阳城地区为例，从空间和形式两个层面探索乡村民居设计。

### （一）空间的总体要求

#### 1.风貌延续

根据村庄现状对村庄的整体面貌重新进行规划整治，对村庄的重新规划也是为了能够提升居民的生活质量。

#### 2.整旧如旧

在对村庄进行重新整治改造前，要充分了解建筑的结构和现状，在整治改造的同时也要保证村庄整体面貌一致，并且能够保证建筑原有的独特面貌。

#### 3.新建协调

如果有新的建筑，不仅要保持原有的建筑，还要在色彩和材质上保持协调统一。

### （二）空间的继承与发展

#### 1.院落空间

将传统院落看成一个整体，庭院就是这个整体的中心，所以传统院落的主要住宅形式大多是以庭院为中心的，阳城区中典型建筑形式是以“四大八小”的院落组成的住宅。这种类型的建筑是将外墙作为建筑的边界，对外非常封闭，建筑内部就是庭院和房屋，庭院和房屋之间是相互敞开的，这种建筑的院落空间是人们生活的休闲娱乐区域，也是交流空间，并且还承担着交通的职能，在这种建筑中，院落和房屋的功能同样重要。

由于现代社会的不断发展，传统院落的功能已经无法满足现在人们的生活需要，所以需要对院落空间进行新的规划，院落不需要再遵循过去建筑的传统礼制，可以根据人们生活的需要对院落空间进行合理的划分。在空间处理中为了能够更分明地看出各个空间的功能，可以利用透空的景墙对空间进行隔断，这样既将空间进行了划分，还能够保持空间的连通。

传统院落大多是以正房为正中间，四面围合的形式形成的。现如今院落的建筑受客观因素的影响，院落的形式大多是以“凹”的形式围成的，现如今的院落与传统院落相比不再是单一的平面院落了，而是随着人们生活的不断变化，发展成了多种建筑围合而成的“四合院”。这种形式的院落不但保留了传统院落“四大八小”的形式，还结合了现代人们的生活习惯，将空间规划的更加合理，使空间整体更加通透。

现在的院落中，还有许多院落中加了露台的设计，形成了“院落加露台”的形式，这主要是为了使院落空间更加有层次感。由于房间在院落四周，采光主要来自院内，通过采光能够将室内外相互交融，客厅向内部庭院延伸，使得室内外空间相互渗透，成为富有生活趣味的室外客厅，这也同时十分有利于邻里之间的交往。

2. 入口空间

“入口空间”在新建筑设计中的可以继续使用传统建筑中的形态。“入口空间”在传统空间中的形态分为两种，一种是内嵌式的，另一种是与窗户相连作为整体出现的，两者的区别就在于前者能够节省宅前空间，后者将院落和入口相连接，这主要是为了能够将空间边界划分得更加清晰。

3. 客厅与卧室

在传统建筑中，我国对室内功能的划分并不明确，这就造成了居民对各个居室的使用并没有固定模式，室内功能大多是利用家具的摆放和装饰而划分的，这种划分方式能够将空间划分出多重属性。

传统民居的正房位于宅院中轴线上的靠北方位，象征着主人不可动摇的家长地位。正房三开间的居多，采用一明两暗的建筑形式，客厅位于明间，摆设长几、挡屏、自鸣钟、书桌。两侧暗间通过木质格栅与客厅相隔。其中一个房间放置祖先牌位和神位，另一房间多筑前炉后炕或放置睡床，冬季取暖用煤火。厢房的建筑规格、工料、装修比正房的等级低一些，通常为晚辈居住。

据调查统计，客厅在整个室内空间中是人们使用时间最长的空间，因为客厅具多种多样的功能，是休闲娱乐的最佳场所，所以会将客厅布置的宽敞明亮，这样才能方便居住者的活动，客厅还应和院落有着一定的联系，可以通过更改窗户尺寸的方式将客厅和院落连接，这样不仅能够使室内外有所关联，而且还能增加室内的视野。

大多数村民的家庭成员是由 4 ～ 6 口人组成的，所以室内一般会设计 3 ～ 4 个卧室。其中还要考虑到家庭成员的不同和住宅的朝向，对房间进行设置，一般卧室都会在二层，卧室在二层的原因有两点，一是二层有较好的采光，二是二层的视野较为开阔。

卧室的面积也会考虑到居民使用的舒适度而设置，一般卧室的面积会在 14 ～ 21 平方米之间，由于该村镇大多家庭是多代同堂，每个家庭都会有一到两名老年人，所以在老人卧室的设计上也会考虑到老人的身体状况，大多数老年人都会存在上下楼困难的问题，所以老人的卧室一般都会设置在一层，方便老人的进出。

4. 厨房、卫生间

厨房和卫生间在传统的建设中，一般会处于房屋最不利的空间，如倒座、耳房。随着生活的进步，厨房和卫生间在整个室内环境中担当着重要的角色，人们也更加注重厨房和卫生间的设计和布置。

一提到农村的厨房，大多数人第一反应就是安台上杂乱无章的锅碗瓢盆和厨房中弥漫的呛人的油烟，随着科技的进步，厨房的设备也越来越多，村民也对厨房有了更多的要求。

在对厨房进行设计改造时，一定要结合现代人的生活，在方便使用的同时，也要考虑到卫生问题，而且要选择通风好的位置，最好将厨房和餐厅布置在相邻的位置，以满足现代居民的生活需要。

居民的生活需求也随着社会的不断发展而提高，传统院落中的厕所仅仅是在室外院子角落中设置一个蹲坑，不仅相对简陋，而且安全系数也相对较低。现如今蹲坑这种形式的厕所已经不能满足居民日常生活的需求，需要重新对其进行设计改造，在更新设计中，在室外保留旱厕的同时，同时在新建的低层住宅中分层设置卫生间。

（三）形式的保护与更新

1. 屋顶形式

一个村庄的屋顶形式能够让人眼前一亮，屋顶的形式也能突显出一个村庄的建筑特点和传统文化，在传统的乡村建筑中，屋顶中大多涵盖屋檐和屋脊，并且会在其中刻以花纹和图案，寓意吉祥。其中雕刻的图案有脊兽、悬鱼、惹草、博风等，这些图案不仅丰富了屋顶的轮廓，也代表着人们的礼制观念。

在屋顶的重新设计中，还是保留了屋顶原有的特色和设计手法，只是在原有的屋顶结构中，对细节部分做了简单的处理，这样既不会破坏原有屋顶的结构，还能保留传统的雕刻工艺，并且能够在屋顶中呈现出中国的特色元素。

在传统屋顶中，大多数都是双坡面的屋顶形式，这种形式的屋顶特点是东西向房屋屋顶低于南北向房屋屋顶。屋顶的瓦片大多采用的是筒板瓦片。屋架的制作方法可以采用梁式屋顶做法，在屋顶的材料中可以选用木头或混凝土，也可以两种材料都用在其中，可以将木头用于檩条和椽子的制作中，将混凝土用于制作房梁上。脊瓦、脊兽、檐口可以用在屋顶的装饰中。

同时，可将双坡屋顶与屋顶露台相结合。屋顶露台通过运用轻钢构件或木构件以檩条组合排列的形式象征性地表达屋顶，二者一实一虚，以合理的比例关系尺度出现在建筑立面上，使整个建筑显得有层次、有变化、有韵律感，同时具有很强的时代感。

2.门窗样式

传统房屋的建筑，大多是用砖石墙体建成的，门窗的也是靠窗台和门额支撑的，窗台和门额是保证门窗稳定的重要结构，往往这种位置需要采用完整的条石进行加固。

门窗是所有房屋建筑都必须要具备的设施，门窗的功能有很多，如防风、防盗、防寒、采光、通风等。门的材质和样式分为多种，一般室内的房门多以木质门为主。院落的大门俗称家门，是室内防盗的安全设施，这种大门的样式较多，有垂花式和立柱式等，多为两扇。

窗户在传统建筑中不仅是为了遮风挡雨，同时还能够起到装饰的作用，窗户的造型有很多种，如古钱格、丁字格、冰纹格等，居民对窗户的造型有很多讲究，不同的造型有着不同的寓意，但大多数图案都遵循了居民装饰的理念——“有图必有意，有意必吉祥”，有的造型也是为了呼应房屋建筑的整体风格。

现在大多数房屋需要良好的采光和通风，由于传统建筑窗格样式过于复杂，所以在通风和采光上无法满足现代居民生活的需求，所以在窗户的样式上也要进行一定的改造，为了满足现代居民生活的使用需求，新窗户大多采用铝合金框架分割玻璃的样式，这种框架牢固且结实耐用、简洁大方，在设计上可以根据不同房间功能的需求，进行窗户样式的调整。

3.装饰节点设计

建筑装饰在建筑中不仅能够起到美化的作用，还能保护建筑构件。建筑装饰是使用装饰材料对建筑各种细节进行处理。在传统建筑中，各个装饰细节都能表现出人们对生活的热爱，这也和当时的时代背景有着一定的关联。然而现如今在建筑中大多是以工业化的生产结构为主要模式，传统手工艺也逐渐随着时代的进步而逐渐被淘汰。

在装饰节点的设计中，要想保留传统的细节不变，可以根据现代技术对手工艺细节进行细致的处理，这样不仅材料不需要改变，整个装饰的形式也能够得以保留，采取现代技术，不仅建筑的整体不会受到任何影响，而且还能够在建筑中体现传统工艺和现代技术的结合，人们也更加容易理解和接受。

在对传统建筑进行翻新时，要有选择的进行保留。比如具有浓郁的当地特色的建筑局部、仍能利用的装修装饰材料、保存完好的部分建筑等等。将其有想法、有布局的插入到新建筑中，就像“变废为宝”一样，以给人眼前一新却又很熟悉的感觉。

## 第三节　美丽乡村的景观建设

### 一、缓冲带功能和设计原则

#### （一）概念和功能

缓冲带广义的定义是靠近受控制区域的边缘，或在具有不同控制目标的两个生态系统之间的过渡地区。农村生态景观建设中，缓冲带建设是指在农村斑块和廊道边缘地带（如农田河道、路边、边坡等处），由乔灌木及其他地被植物组成的缓冲、过渡条带区域、缓冲带是农田、廊道、道路，尤其是水体景观工程建设需要考虑的重要景观要素。缓冲带具有控制非点源污染、防止土壤侵蚀、保护生物多样性、提高病虫害综合防治能力和景观生态效果等多种功能。

#### （二）缓冲带的类型

缓冲带的类型有很多种，如河滨缓冲带、沟渠缓冲带、农田缓冲带等。不同类型的缓冲带建设技术不同，但共同点是利用乔灌草构建植物群落，实现生物生境再生，提高生态系统的服务功能，但在建设上要基于线状廊道的结构来建设缓冲带，农田道路、田埂、渠道主要以灌草、草本建设缓冲带，河流缓冲带主要采用乔灌草相结合的方式，坑塘湿地缓冲带可以采用乔灌草、灌草相结合的方式。缓冲带和廊道分类一样，基于功能要求又可以分为环保缓冲带、生态缓冲带、病虫害综合防治缓冲带等。

#### （三）设计原则

从整体上优化布局，缓冲带的布局要注重与其他半自然生境的整合，形成缓冲带系统，提升景观的连通性。注意构建廊道网络，为生物提供更多的迁徙通道。构建多样的缓冲带类型，增加植物多样性和生境多样性，并注重恢复利用原有的栖息地。

植物的选择和搭配是缓冲带功能的具体体现。应因地制宜，根据适合的立地条件、坡度宽度、水分状况，布置合适的植物组合模式。在立体条件允许的情况下，尽量使用乔木灌草搭配的模式，模拟原生的植物群落进行营建或进行生境修复。尽量选择本土植物，不能选用入侵性植物，这种适度保护有利于原有的自然生长。利用多年生开花植物和连续开花植物组合，提供持续的花粉蜜源等食物，考虑不同植物之间的相生相克性，以及豆科植物和伴随植物的应用，同时还应该注意时空色泽等景观效果，节约成本和尽可能多地争取经济效益，实现缓冲带的多功能性。同时还需考虑后期维护，尽量避免之后重复建设。

## 二、河道生态景观建设

### （一）河道生态景观功能

水滨地带的物质、能量和物种流动与交换过程非常频繁，是一个复合生态系统，具有栖息地功能、过滤作用、屏蔽作用、通道作用、源汇功能等。

河道缓冲带具有生态廊道功能，是鱼类、鸟类、爬虫类、两栖类及一些大型哺乳动物的栖息地。同时，能够过滤来自径流的污染物和沉积物，控制农田地表径流，防治农业面源污染导致的水体污染。一个适当宽度的缓冲带能够最大限度地缓解农业耕作、放牧、交通运输、修建房屋等人类活动对水域造成的影响，缓解人类活动对河溪生态系统本身的影响。河溪缓冲带还可以调节水分循环、阻挡洪水、削减洪峰、净化空气、涵养水源。河溪缓冲带拥有丰富的植被类型，郁郁葱葱的树木及草本植物可以提高整个流域的景观美学及游憩价值。

### （二）河道生态景观设计和建设原则

河道生态景观建设在乡村的景观建设中是不可缺少的，滨水缓冲带的建设在河道生态建设中尤为重要，滨水缓冲带建设不仅能够提高乡村的文化价值，还能够丰富乡村的景观，滨水区要想河岸能够得到自然的发展，就要在管理上加大力度，保证河岸拥有健康的生态系统。河溪滨水区生态景观建设要遵循以下几项基本原则。

#### 1.保持原有河流形态和生态系统

在河溪护岸过程中，要遵循自然的生态系统，根据原有的自然河道，尽量在设计上能够保持原有的生态结构，保证河道形态的自由性。在满足河道、堤防安全的前提下，要对河道特性、岸滩结构和绿化功能需求进行分析，这样才能在河道设计上确定河流宽度、缓冲带建设和绿化植物的配置方式等。

在河道的规划设计中，要遵循河道周边的生态系统，尽量保护河道两侧原有的植物群落，并且要增加其他的植物，保证植物的多种多样，以便使河道周围的生态系统更有层次感，生态系统层次越多，植物就越能够发挥自己保护生态效益的职能。

2.提高河岸抗洪能力

在生态设计优先的基础上，在水流较急、河岸侵蚀较强烈的地区可采用混凝土、石砌护岸，将工程、生物技术相结合，综合提升河道生态景观服务功能，在植物选择上，要尽量选择乡土树种，特别是具有柔性茎、深根的植物其可以固定河岸，防止土壤被侵蚀。

3.增加滨水地带开放性

在设计河溪缓冲带时，要建立适度的开放空间，增加景观的连续性和通达性，以方便水生、陆生动植物的迁移、交流，同时满足人类亲近自然的需求。根据不同区段的规划要求，采取多种方式，构建生态廊道、文化休闲区和滨水生态观赏区，并形成自然起伏多变、高低错落有致、连续丰富多变的开敞空间形态。

4.提高滨水地带文化特征

尊重地域历史和文化发展过程，结合当地文化、风土人情和传统，构建滨水区的特色地域景观，提高景观的历史与地方文化内涵，使滨水地带成为自然与文化、历史与现代和谐共生的空间。在维持和保护滨水区的自然形态和生态环境的前提条件下，适度考虑开发滨水区的经济价值，带动当地商业、服务业、休闲旅游业的发展。

## 三、农田渠道生态景观建设

### （一）功能和类型

农业景观中的沟渠是最容易受到人为干扰的地区，存在地表裸露、水土流失、水体污染、面源污染、农业垃圾堆放等情况，严重影响了农田景观生态和美学特征。在沟渠生态景观工程建设中，主要是侧重于水土保持、净化防污、供水防涝及植被的恢复等工作，同时协调地势、土壤、水流的平衡。

### （二）建设要求

①严格按照各地农田基本建设标准设计排灌渠道和网络。对于水资源较少

的地区，如果采用明渠灌溉，灌溉渠道可以考虑各种类型的硬化方式，防治水分渗漏。对于排水沟，应尽量减少硬化方式，采用生态化护坡，具有渗透性的渠道。

②加强沟渠两侧缓冲带建设，积极开展生态护坡，有效控制面源污染，控制水土流失，营造美化廊道景观。

③护坡植被宜采用灌木、地被植物相结合的方式，保持环保自然、沟渠疏通。

## 四、湿地（坑塘）生态景观建设

### （一）功能和类型

农业景观中的坑塘等水环境也是湿地生态系统的一部分。湿地以及它所维持的植物具有多种功能，除了具有储存淡水和过滤的作用外，还为鱼类和野生生物提供了繁殖的场所，能够调节昆虫的数量，为鸟类提供巢穴，保护沼泽和湿地微地形景观，对于当地乃至区域生态环境建设具有重要意义。对湿地进行合理规划，应对湿地及边缘区的空间利用加以严格限制，充分发挥湿地的生态景观服务功能。

### （二）建设要求

①较大的湿地要考虑区域水系的完整性，在分析区域生物多样性保护和水系完整性的基础上，确定湿地生态修复的内容和目标。

②建设应符合当地景观环境，如在洪水地区加强控制洪水的湿地建设，其他的主要目标有废水处理、提供野生动物栖息地、娱乐教育等，即使是生物多样性目标，针对不同的重点保护物种，湿地建设工程内容不同。

③充分考虑湿地植物与水深、水质和水体覆盖之间关系，并进行湿地物种选择。

④维护自然水流，应尽可能维持排水的自然模式，如河流中的营养物质流经湿地时，所产生的营养物质的自然沉淀，有利于湿地动植物的生长。

⑤从边缘土堰到水体间连续的缓坡宜于动植物栖息，土堰一般不用水泥，而是要有效利用土桩、树枝栅、沙袋、石块等天然材料，结合植物缓冲区开展水体修复。

⑥维护生态系统的贮存功能。在水面最深处的池底中心位置应向下挖 20 ～ 30 厘米形成凹坑，作为枯水期干涸时水生生物的避难所，同时还可以在干涸时保持池底土的湿度以防止池底土龟裂，导致遮水层恶化。

⑦在水域流出部做砌石处理，并用黏土填缝，为防止水流对流出部及溢水

流下部床面的掏挖，应在这些地方铺砾石和碎石，并在适当位置打入原木桩。

⑧湿地应兼具功能与景观，模仿自然生态系统，不要有过度的工程设计，设计要体现人性化，充分利用乡土植物进行不同层次空间的植被绿化，形成优美亲水景观，在紧靠水面的地方提供水边的环形小路，便于满足人们的亲水需求。

⑨保存自然的特性，防止淤积和浑浊，保护水体健康，筛选引入适合的水生植物，确定植物的栽种位置和栽种间隔，使得栽种范围内的全部植株配置接近自然状态。

## 五、农村道路生态景观建设原则

### （一）满足道路的主要功能

道路生态景观建设不得妨碍道路交通的安全运行，不得遮挡交通标注和行车视线。道路绿化方式、树种选择、生长时效等均要考虑与道路交通功能的协调性，如在拐弯视距三角形内不得种植大灌木或小乔木等。除此之外，道路还具有遮阴、降温增湿、滞尘、减弱噪声杀菌等功能。道路两侧绿化植物应选择具有较强抗逆性，且具有上述多种生态功能的植物。

### （二）因地制宜，坚持适地适树

道路生态景观建设应与场地路线的平、纵线型和横断面状况保持一致，适应道路线型或平直或弯曲或起伏的场地特点。植物绿化应尽量就地取材，坚持适地适树原则。乡土植物能够适应本地区的气候等生长条件，易栽植、成活率高、适应性强。道路绿化应尽量选择与场地条件相适应的乡土树种，特别是根系深、萌芽力强、耐修剪、生长迅速、管理粗放、生长寿命长的植物。不同区域特征应分段栽植不同的树种，但同时应避免不同树种、不同高度、不同冠形与色彩频繁替换而产生视觉景观的混乱等问题。

### （三）以人为本展现地域特色

道路生态景观建设要考虑以人为本，道路设施、植物种植等均需体现人性化，提高视觉质量，植物绿化种植应防治眩光，保障交通便利和游憩舒适性。对于道路沿线重要的风景点，文化古迹、古树名木等应尽可能保护利用。与道路功能冲突的珍贵树木应在施工前予以移植。除此之外，道路生态景观建设还应赋予道路载体不同的文化内涵，体现地域文化与特色。绿化种植应针对不同植物的形态特征、叶色花色等开展乔冠草配置，提升当地乡土景观风貌特征。

# 第六章　环境治理与美丽乡村建设

自改革开放以来，全国工业化进程明显加快，同时，乡村的城镇化建设也在快速推进，尤其是最近几年开展的美丽乡村建设取得了明显的成效。另外，在城市和农村、工业人口和农业人口的比例上，城市人口不断增加，农业人口不断下降，并且趋向老龄化，这导致乡村的环境问题长期没有得到足够的关注，乡村的环境污染也没有得到相应的治理。环境及生态是人类生存和发展的基本条件，是经济社会发展的基础。因此，加强乡村环境保护工作非常重要。本章将对环境治理与美丽乡村建设进行详细的探讨，分为三节，即美丽乡村生活垃圾污染的治理、美丽乡村水污染的治理，以及美丽乡村土壤污染的治理。

## 第一节　美丽乡村生活垃圾污染的治理

### 一、农村生活垃圾污染现状

#### （一）成分产量形势严峻

在现代发展的背景下，农村的经济发展和消费水平不断攀升，由此产生的各种生活垃圾也达到了一种前所未有的严峻状态，不仅垃圾产量逐年增加，垃圾成分和含量也向着城市化靠拢。由卫生部（现为国家卫生和计划生育委员会）对农村环境卫生的现状调查可知，在现今的农村中，平均每位村民每天可产生0.8千克的生活垃圾，据不完全统计，每年我国4万个乡镇、近60万个行政村产生的生活垃圾总量超过2.8亿吨。如果这些垃圾用装载量为2.5吨的卡车来运输，所用卡车长度近12643万千米，能环绕赤道30圈。数量如此之大，数据如此惊人，这为农村的垃圾处理带来相当大的压力和困难。

农村生活垃圾的主要成分可以从饮食结构和燃煤结构两方面进行分析。首先，在饮食结构方面，厨余垃圾占据生活垃圾的主要部分，并且其比例还在不断上升。其次，在燃煤结构方面，由于农村燃气管网的铺设较为困难，因此农作物秸秆和蜂窝煤就成了冬天取暖的主要燃料。但随着大环境下能源结构的变化和农村田地的不断减少，太阳能逐渐成了农村取暖的另一方式。由此可见，农村生活垃圾的构成因素可概括成农民生活水平、能源结构，以及季节的变化。

随着农村不断地建设和发展，农村生活垃圾的构成和处理方式正朝着城镇化的方向发展。以无机含量为主的垃圾大幅度降低，取而代之的是一些塑料、玻璃、金属和易堆腐垃圾。垃圾种类越来越复杂，其处理和收集工作也变得非常困难。现在的农村大多数垃圾都未经分类就直接进行了填埋，导致可回收垃圾和有害垃圾混杂在一起，不仅造成了资源的浪费，还增加了垃圾的处理难度，在一定程度上加速了环境的污染。

农村生活正日益改善，农村目前正大量建房、搞现代化建设。因此小规模建筑垃圾在目前农村生活垃圾中的比例也在不断增加。农村住房的翻新，盖牛舍、猪圈，搞现代化养殖等，都会带来部分建筑垃圾，如水泥、废砖头、破旧石棉瓦等，这些在很多农村地区的路边或田间经常可以见到。这些建筑垃圾产生的随意性大，运输困难，造成污染的情况也更复杂。

### （二）堆放回收问题严重

在农村，垃圾的堆放问题已经垃圾处理较为严重的问题之一。无论是在房前屋后、田间地头，还是在街道两旁、河道中央，都能看到村民随意堆放的生活垃圾。另外，农村垃圾的堆放规模也与农村的经济发展情况有着直接的联系，在一些经济较为发达的农村，生活垃圾的处理是以村为单位进行集中堆放，形成了一座座的垃圾山。而在一些经济较为落后的农村，垃圾的清运问题仍未得到解决，因为村民的垃圾数量也相对较少，多数人选择将垃圾扔在离家不远的地方，造成了处处都是垃圾堆的局面。据相关调查显示，我国近乎有五成的村庄出现了垃圾随意堆放和倾倒的问题，并且这些问题的程度相当严峻。

由于丢弃分散，集中度低，将垃圾收集并再利用的价值就比较低。目前我国农村普遍经济条件并不是很好，可回收的生活垃圾农民多各自收集起来，然后出售给废品回收人员或企业。因此，调查发现回收价值高的生活垃圾含量非常少，如废旧钢铁类、废塑料等在农村生活垃圾中很少见到。可回收的往往只是碎玻璃废旧电池等回收利用价值不高的垃圾。因此，农村生活垃圾再利用率不高的特点在我国也是一个比较普遍的现象。

### （三）垃圾下乡压力增大

由于受到资金和环境的限制，部分城市为了满足自己的发展需要，会采取将垃圾向农村或乡下转移的措施，造成垃圾下乡压力加大。在许多城乡结合部，经常可以见到垃圾山、垃圾堆。并且由于城市、城镇面积、范围的不断拓展，城市向农村紧逼的趋势愈加明显，城市生活垃圾向农村地区推进的趋势正不断地加强。量大、成分复杂、不经任何处理的城市生活垃圾正一步一步地向农村地区“挺进”。而农村地区往往由于没有话语权，很难抵制城市生活垃圾的进攻，只能被动接受。这在无形中给农村的垃圾处理增加了难度。垃圾下乡实际上是对农村环境的严重破坏行为，给农村的环境造成了相当大的压力，不仅不利于维护农村的村容村貌，还污染了农村的水源和土壤，带给农村人民身体上和心理上非常大的伤害。

由于我国农村地区相对城市来说经济上往往落后很多，生活水平和物质水平更是无法和城市相比。这种相对的不合理、不公平和贫富差距悬殊造成了农民心理的不平衡。城市生活垃圾对农村地区的“进攻”更加重了农民对城市人口的抵触情绪，导致了社会不和谐声音的出现。

（四）处理方式缺乏规划

有些经济条件较好的村庄，垃圾由村内自行收集，其中大部分村子以敞开式垃圾池收集为主，并配备一定数量的垃圾桶；在调查中发现，各村不同程度地存在垃圾池的设置数量少、服务半径不合理、垃圾桶缺失或损坏严重、垃圾收集车数量少和效率低的现象，特别是有些村子，由于资金等诸多原因使应建的收运设施及配套设备搁浅。

我国农村垃圾主要采取单纯填埋、临时堆放焚烧、随意倾倒三种处理方式。农村采用的单纯填埋一般是利用现有的沙坑或者低洼地直接进行垃圾倾倒。随着时间的推移，混合垃圾腐烂、发臭，以及发酵，甚至发生反应，不仅会释放出危害人体健康的气体，而且垃圾的渗滤液还会污染水体和土壤，进而影响农产品的品质。

在农村垃圾运输的问题上，农村垃圾的运输多由镇政府负责，但由于农村实际情况比较复杂，并且由于受到经济条件的限制，部分比较富裕的村子 40% 左右的生活垃圾由镇里运走，镇里未运走的那部分垃圾由村里自己配车运往村内“填埋场”进行传统的简易填埋。一些未配备垃圾桶（池）的村子，垃圾几乎全部由村里自行处理。另外在生活垃圾的运输过程中，由于不是密闭运输，出现了垃圾撒落现象，造成了“二次污染”。

在对垃圾的收集、运输和处理上，没有形成一个区（县）、乡（镇）域或属地范围内的整体规划。按照属地管理的原则，各乡（镇）、行政村负责自己辖区内的生活垃圾的清理，在不同程度上各自为“政”，在乡镇和村村结合部地带容易出现垃圾“三不管”的死角。正是这种没有统一规划的垃圾收集、处理方式，从根本上造成了农村生活垃圾难以处理的局面。

（五）卫生环保意识不强

农民的知识水平和思想道德素质普遍偏低，未形成良好的卫生环保意识，并且农村自上而下对环境保护的认知和重视程度不足，造成了农村生活垃圾无管制、无收集、无运输、无管理的局面，需要各级政府不断进行环境教育，加大宣传力度。环保知识要普及到各乡、村级别，从各家各户做起，由小及大、由点到面，全面提高农民的环境保护意识。

针对卫生环保意识方面，国外许多发达国家的普及工作非常到位，甚至在一些发达国家，农民的卫生环保意识比城市居住者还要强。据报道，很多国家、地区的农民对自己周围地区的环境保护非常重视，除政府配套的环保、垃圾处理设施外，还和邻近农场、村庄合作，自行组织，共同建立相应的适合本地区的垃圾处理等环保设施。这一部分是出于政府对农产品生产环境和质量的要求，另一部分也是来自农民对环境的保护意识。只有农产品的生产环境得到保护，农产品的质量才能有相应的保证。由此看来，农村生活垃圾处理问题不仅是环境保护、环境卫生相关部门的责任，也是卫生安全、食品安全，甚至是医疗安全等生活中各部门应共同关注的问题。

（六）管理法规仍需完善

农村生活垃圾处理的问题，近些年才提到政府工作日程上来，但由于我国农村地区面积较大，乡、村相邻较远，村与村、村与乡、村与镇之间的交通发达程度不够，这给集中处理带来了较大的困难。而我国经济正处于高速发展阶段，有限的资源首先用于发展经济，尤其是城市工业经济，而忽略了农村经济，对农村的环境保护更是重视程度不够，各级政府对此都缺乏工作支持，甚至没有相应的管理机构，以致形成“无人问、无人管”的局面。

而农民养成多年的习惯也很难改变，这给农村生活垃圾的管理带来了困难。资金的缺乏，资源的不足，各级重视程度不够，更增加了管理的难度。有些经济较发达的农村已经认识到环境保护的重要性，已开展对农村生活垃圾的收集和处理，但是，由于缺乏相关专业人员，缺乏农村工作经验，对农村生活垃圾的管理效果并不明显。

另外，目前在农村生活垃圾的处理方面的法律法规仍处于空白阶段，既没有相应的法律法规限制、约束农村生活垃圾的处理，也没有维护农村环境卫生的法律条例。使得农村生活垃圾被肆意丢弃，随意填埋和焚烧，加上城市生活垃圾又一步步地进逼农村，从而给农村环境带来了很大的负担。因此，加强管理，增加投入和配套设施，提高环保意识，完善相应的法律规章制度已经成为解决农村生活垃圾最迫切的需要。

## 二、生活垃圾对农村生态环境的影响

### （一）对水体的影响

水是人类生活和生产活动中不可缺少的物质资源。如果水体遭到了严重的垃圾污染，会使水中出现一些有毒有害物质，不仅会给水中的生物带来生命危险，人类也会受到污染水源的伤害，影响身体健康。

直到现在，由于没有自来水供水系统，一些靠近河流、湖泊的农村仍将河流、湖泊作为饮用水的水源，甚至有些地区以河塘或沟塘作为水源。这就很容易造成饮用受污染的水源，危害身体健康。

垃圾的填埋方式不当是造成水体污染的主要原因。这是因为垃圾在填埋的过程中会出现许多的渗滤液、酸碱性物质，甚至是有毒有害物。其中，渗滤液是一种高浓度的有机或无机成分液体，不仅能渗透到土壤中对地下水造成污染，还会随着地表流入河流、湖泊，污染更多的水资源。而酸碱性物质则会腐蚀垃圾中的各种金属，使其流入水中，造成水中含有大量的重金属元素，对生物产生严重的危害。由此可见，不当的垃圾填埋，已经成为集有机物、重金属、微生物于一体的综合污染源的主导因素，推广正确的填埋方式迫在眉睫。

### （二）对土壤环境的影响

农村生活垃圾如不加以利用，任其随意堆放，会致使占用大量耕地和土地，导致可利用土地资源减少。如果卫生填埋出现问题时，对土壤的污染将会更加严重。土壤是许多细菌、真菌等微生物聚集的场所，这些微生物与其周围环境构成了一个生物系统，在大自然的物质循环中，担负着碳循环和一部分氮循环的重要任务。垃圾填埋场如不按照国家相应标准和规范建设，不进行严密的场地工程处理和填埋后的科学管理，会很容易污染土壤环境。当废弃物进入水体或渗入土壤中时，不仅会严重影响当代人和后代人的健康，而且还会对生态环境造成长期的不可低估的影响。残留毒害物质不仅在土壤里难以挥发消解，而且还会杀死土壤中的微生物，改变土壤的性质和结构，阻碍植物根系的发育和生长，并在植物体内积蓄，破坏生态环境。当积存在人体内时，还会对肝脏和神经系统造成严重损害，诱发癌症，致使胎儿畸形。

（三）对大气环境的影响

农村垃圾对大气环境的影响主要体现在两个方面。其一，农村垃圾的堆放地点大都为在农田周围，在堆放的过程中，粉尘颗粒、细石沙砾会随着风到处飞扬，造成大气污染。其二，农村垃圾中还包含更多的易降解有机物，如果这些有机物处于一个适宜降解的环境中，则会产生很多化学气体，发生化学反应，给大气带来非常大的污染。

（四）对农民居住环境的影响

由于很多农村地区没有完善的垃圾收集与处理设施，很多垃圾被随意地丢弃在农民居住区的前后。春秋季节，各种塑料袋、包装纸、饮料瓶等被风吹的随处可见，一旦到了下雨天，各种垃圾就会被雨水浸湿，挥发恶臭难闻的气体，招来苍蝇和蚊子，影响村民生活。

## 三、生活垃圾分类

（一）可堆腐物

1.可堆腐物的概念

可堆腐物在农村生活垃圾中约占 70% 的比例，这类垃圾主要包括农作物秸秆、农田尾菜、畜禽粪便、园林剪切物、吃剩的饭菜、水果、蔬菜、小骨头、茶叶、枯枝落叶、煤灰、中药渣、卫生纸、动物粪便、扫地土、厕卫用品等。这类垃圾如果不及时处理，会散发臭味、渗出汁液或滋生蚊蝇等害虫，堆放在田间地头或垃圾收集场所也可能被流浪的动物咬破挑开，污染环境，给后面的处理带来难度。

可堆腐物，顾名思义是一类可以通过堆肥的处理方法进行腐解的生活垃圾，通过微生物的作用将垃圾中的有机成分进行分解，生成可用作肥料的腐殖质及二氧化碳、水和热量等物质。我国是拥有千年农耕文化的农业大国，历史上有些农民将这类垃圾进行简单的堆肥发酵，作为肥料施入土壤，进而为庄稼提供养分。如果能将生活垃圾中的可堆腐物进行准确的分类收集，并从源头去掉其中的塑料袋（盒、瓶）、纸袋（盒）、布袋、玻璃瓶、金属罐等外包装物及难以腐解的杂物，那么这类垃圾将会变废为宝，成为可以用于农业生产的优质肥料或有机土。

2.丢弃方法及注意事项

①农户在家中将可堆腐物直接丢入可堆腐物收集桶中（注意不要用塑料袋

包裹），再将桶中的可堆腐物倒入街道上的可堆腐物中转桶中，由保洁员每天定时收集，转运至生态站进行处理。

②吃剩的饭菜等厨余垃圾应彻底沥干水分后再丢弃。

③竹签或牙签等尖锐的小物品，应折断尖端或折成两段后再丢弃。

④如果含有纸质（盒、袋、杯）、塑料（盒、袋、杯）、金属（盒、瓶）、玻璃瓶或织物等其他材质成分应拆下后再丢弃。一次性餐盒应倒空内容物后放入可回收物收集桶，细小树枝等可用纸绳或麻绳捆扎后丢弃，如玫瑰等带刺的树枝应用纸包裹后再丢弃。

⑤农户小菜园产生的少量农作物秸秆和蔬菜秧子需锯短（长度小于20厘米）或切碎，可用纸绳或麻绳捆扎后再丢弃。大田或大棚产生的大量农作物秸秆和蔬菜秧子，请联系当地的农业废弃物处理机构进行集中处理。

⑥可堆腐物需要每天收集。

### （二）可回收物

#### 1. 可回收物的概念

可回收物的循环利用是指对失去使用价值的物品进行再生利用的过程。农村生活垃圾中的可回收物大约可占总垃圾的28%，如纸张、塑料容器、包装袋、玻璃瓶、易拉罐、沙发、家电等，可具体分为五大类。

（1）纸张类

日常生活中纸张类可回收物种类繁多，主要包括各种纸质包装盒、包装纸、纸质包装袋、纸箱、废旧报纸、杂志、图书、本、信封、纸质档案盒、广告宣传纸、打印纸、纸杯、纸质餐具、纸质鸡蛋托、纸质玩具及纸质工艺品等。纸类的主要生产原料是木材、芦苇、麦秆竹等植物纤维。纸张类循环利用的原理很简单，纸张的生产是把各种纤维挤干压在一起，而纸张的循环则是浸泡在水中使纤维分离制成纸浆，再生产新的纸制品。循环利用的次数越多，纸纤维的长度越短纸张类循环利用的主要问题是纸制品通常夹带一些其他材质的物品，比如塑料封皮、订书钉、印刷油墨、胶装书籍杂志用的胶水等，这些都会影响再生纸的质量。水溶性强的纸张或太脏的纸是不能回收利用的，比如卫生纸巾，由于它水溶性强，容易分解，属于可堆腐物。

（2）塑料类

塑料是日常生活中使用最频繁的一类物品，主要包括各种各样的塑料包装、塑料购物袋、保鲜膜、农用棚膜、地膜、滴灌管、塑料绳、矿泉水瓶、调料瓶、日化用品瓶、一次性餐具和餐盒、发泡填充物、牙刷、口杯、牙膏皮、塑料拖鞋雨衣、PVC 软管、塑料盆、儿童玩具、塑料工具、装饰品等，几乎可以涵盖生活的各个方面，为我们的日常生活带来了极大的便利。

塑料的主要原料是石油的副产品，它来源于自然界，但在自然条件下却很难分解，塑料可能需要 100 ～ 200 年甚至更长的时间才能降解。现代农业中大量应用的棚膜、地膜的使用寿命一般为 1 ～ 2 年，在提高农业生产效率的同时，也对环境产生了污染。棚膜、地膜老化后如果埋在土壤里会污染土壤，降低土壤的透气性能和肥力，致使农作物不能有效吸收土壤中的营养成分，影响作物根系生长，导致作物减产、耕地劣化。另外，塑料袋中包含各种添加剂，一旦被降解，这些添加剂就会深入到土壤中造成污染。甚至有的动物在误食了塑料袋后，会丧失生命。

如果采用焚烧的方法进行处理会释放多种有毒气体，污染空气，影响人体健康，比如二噁英会导致人体肝损伤、神经损伤，诱发癌症等。值得庆幸的是，科学家们已经发明了一种新方法，即用玉米淀粉、蔬菜油等生物材料在微生物的作用下制成生物塑料，这种塑料埋在土里可以很快被降解，如果未来这种生物塑料制品的成本能够降低，相信这是解决塑料垃圾这个全球性难题的最好方法。

（3）玻璃类

玻璃是一类可以无限循环利用，且不能被生物降解的材料，除了采用循环利用的方法外，用任何垃圾处理的方法都很难处理。日常生活中的玻璃制品主要有各种玻璃瓶、玻璃包装、玻璃碗、玻璃镜、玻璃锅盖、钟表罩等。值得注意的是，碎玻璃、碎瓷砖、陶瓷碎片等物品有尖锐的边缘，可能会划伤工作人员，增加垃圾后续处理难度，属于有毒有害物，需包裹后放入有毒有害物网箱，由工作人员处理。

理论上讲，将石英砂、石灰石和碳酸盐等混合物加热到 1500℃，再把形成的熔浆倒进模子里就可以生产出玻璃，生产 1 吨玻璃需要大约 300 千克的石油。但是如果加入经过处理并研磨碎的玻璃，就可以降低加热的温度，平均每利用 1 吨玻璃可以节省大约 100 千克的燃料。

玻璃循环利用的主要问题是里面夹有杂物，例如瓶塞、金属瓶盖、标签、内容物，以及不同颜色的玻璃混合等，这些都会影响玻璃的熔化和再生玻璃制品的纯净度。

包装押金的方法使玻璃瓶可被系统地循环利用，仅需要清洗和运输的费用，就可以节省玻璃生产过程中的能源成本，很多废品回收站也可以回收玻璃瓶。但是随着玻璃生产商生产出形状、品种、颜色、容量、规格各异的玻璃包装，使得玻璃瓶的回收利用变得非常复杂，玻璃制品变成了“玻璃垃圾”。

（4）金属类

日常生活中的金属类可回收物主要包括金属材质的啤酒或饮料易拉罐、食品罐头盒、马口铁盒、金属包装、雨伞骨架、剪刀、菜刀、金属架、厨房用具、五金工具、报废电子产品和农机具的金属部件等。依照不同材质可分为铁、铝、铜、锡、不锈钢，以及各种稀有金属。

大部分金属都是从矿石资源中提炼出来的，而地球上的矿石资源是有限的、不可再生的资源。有资料显示，回收金属不仅可以完全替代矿石生产出新的金属制品，还可以减少冶炼金属对水、空气和土壤造成的污染。铁是由铁矿石提炼制造的，而使用回收的铁材质包装物和炉渣，可以节省大约 40% 的能源。回收 1 只旧铝制易拉罐比重新制作 1 只新铝制易拉罐能节省大约 90% 的资源。回收 1 吨废钢铁比新炼 1 吨钢铁能节省大约 47% 的成本。

（5）织物类

衣服、裤子、手套、帽子、围巾、袜子、布鞋、布袋、雨伞布、毛绒玩具、布艺饰品、布艺包装、床上用品、窗帘、毛毯、地垫、沙发罩等都属于与日常生活密不可分的织物类，依照不同材质可以粗略分为棉质、麻质、丝质、化纤、纯毛、复合面料等。相当一部分的织物回收后可以进行再次利用，减少环境污染，节约能源。

有资料显示，我国每年产生约 2600 万吨旧衣服，每年在生产和销售环节产生的旧纺织品也达 2000 万吨，但是再利用率不到 14%。若将这些产品回收利用，就能得到 600 万吨的天然纤维和 1200 万吨的化学纤维，也就是说相当于节省 2400 万吨原油，减排 8000 万吨二氧化碳，可见织物类的再生利用意义重大。

2. 丢弃方法及注意事项

（1）纸张类

①按照旧报纸、旧书籍杂志、纸盒纸箱等分类，整理整齐，用纸绳或细绳捆扎后丢弃。

②将纸质物品上的金属、织物等不同材质进行拆解后丢弃。

③热敏纸、蓝靛纸、复写纸等属于有毒有害物，应丢弃至有毒有害物网箱，由专业人员送至专业部门进行处理。

④纸盒、纸杯等纸质食品包装，需清空内容物，弄干净后压扁丢弃。

⑤牛奶、酸奶等乳制品的纸盒、纸杯及利乐包装，需清空内容物，洗净、

晾干、压扁后丢弃。

⑥纸张类可回收物丢弃时请避开雨天。

（2）塑料类

①农用棚膜、地膜等农用塑料制品，请折叠成小体积，用细绳捆扎后丢弃。

②塑料材质的农药瓶、除草剂瓶、药水瓶、药片瓶等包装属于有毒有害物，应丢弃至有毒有害物网箱，由专业人员送至专业部门进行处理。

③压扁塑料瓶身后丢弃，以减小体积。

④矿泉水瓶、饮料瓶、调料瓶、牛奶瓶等塑料食品瓶，应用尽，取下瓶盖，揭去商标，弄干净后丢弃。瓶盖和商标应依据材质进行丢弃，或送至废品回收站收集处理。

⑤减少塑料袋的使用量，并做好塑料袋的重复利用。

（3）玻璃类

①饮料和食品玻璃瓶，应用尽后取下塑料盖和塑料封口膜，揭去商标，弄干净后丢弃。塑料盖和塑料封口膜可作为塑料类可回收物丢弃，商标应依据材质进行丢弃。

②破碎的玻璃有尖锐的边缘，可能会划伤保洁人员，并对回收利用产生不利影响，应放入透明塑料袋中包裹好，放入有毒有害物网箱。

③玻璃材质的农药瓶、除草剂瓶、药水瓶、药片瓶等包装属于有毒有害物，应丢弃至有毒有害物网箱，由专业人员送至专业部门进行处理。

（4）金属类

①易拉罐、食品罐头盒等金属包装，应用尽后取下塑料盖和塑料封口膜，揭去商标，弄干净后丢弃。塑料盖和塑料封口膜可作为塑料类可回收物丢弃，商标应依据材质进行丢弃。

②螺丝螺母、曲别针、啤酒瓶盖等小件金属，应放入带盖的盒子或塑料袋中再丢弃。

③剃须刀、收音机、儿童电子玩具等小型金属电子产品，请尽量延长使用寿命，丢弃前应取出电池。电池应作为有毒有害物丢弃。

④农药喷雾罐、杀虫杀菌喷雾罐等金属包装应作为有毒有害物丢弃。

⑤不含有毒有害内容物的喷雾压力罐，需要在罐体打一个洞后再丢弃，喷雾罐的盖子作为塑料类可回收物丢弃。

⑥由金属和塑料等多种材质制成的物品，请尽量按材质拆解后丢弃，例如雨伞，伞骨为金属，伞把为塑料，伞布为织物或塑料。

（5）织物类

①丢弃织物类时请尽量避开阴雨天气。

②窗帘、毛毯等物品折叠成小体积后丢弃。

### （三）有毒有害物

1. 有毒有害物的概念

有毒有害物（每季度收集）在生活垃圾中所占比例不到1%，主要包括各类电池、灯管、灯泡、水银温度计、暖瓶胆、打火机、小电器、线路板、电子元器件、手机、油漆桶、涂料桶、农药瓶、特殊药品容器、洗涤剂、化妆品、鞋油鞋刷、杀虫剂、美发所用摩丝等起泡瓶、医疗垃圾，以及碎玻璃、碎瓷砖、陶瓷碎片等尖锐物品（需包裹好后投放）。

2. 丢弃方法及注意事项

①充电电池、干电池、纽扣电池等物品需用透明塑料袋包裹后放入有毒有害物网箱。

②水银体温计、灯管、灯泡等物品需用透明塑料袋包裹后放入有毒有害物网箱。

③油漆桶、涂料桶、农药瓶、杀虫剂瓶、特殊药品容器需用尽内容物后，盖上容器盖，放入有毒有害物网箱。

④破碎的玻璃有尖锐的边缘，需装入透明塑料袋中包裹好，再放入有毒有害物网箱。

⑤钉子、大头针、缝纫针等尖锐物品需盖上针头帽，放入带盖的盒子里或用透明塑料袋包裹好后放入有毒有害物网箱。

⑥家庭医疗所产生的少量医疗废弃物，如点滴瓶、注射器、带血的棉签纱布、手术刀和过期药品等物品，由于这类物品含有一定的有害病原物或特殊成分，直接丢弃可能会使工作人员受到伤害，因此这类家庭医疗废弃物属于有毒有害物，需放入有毒有害物网箱，由专业部门进行处理。针头等尖锐物品需盖上针头帽，包裹好再丢弃，避免工作人员受伤。

## 四、国内外生活垃圾处理的先进经验

### （一）垃圾处理方式

1. 垃圾填埋

垃圾填埋是我国目前大多数城市解决生活垃圾出路的最主要方法，根据工程措施、环保标准可分为简易填埋场、受控填埋场和卫生填埋场三个等级，具有技术成熟、处理简单、费用低等优点。但防护不当会发生严重的二次污染，并有发生火灾及爆炸的隐患，资源化率低。填埋场的服务期满后仍需投资建设新的填埋场，将进一步占用土地资源。

2. 垃圾焚烧

垃圾焚烧就是将焚烧处理与高温热分解、融熔处理结合，对垃圾进行焚烧，并消灭各种病原体。这种方法的最大弊端是在焚烧垃圾时会产生二噁英和呋喃气体，因此必须对产生的有毒有害气体进行一系列的处理，同时建设地点需远离居民区。

3. 静态好氧发酵

生活垃圾中可堆腐物配比其他物料进行静态高温发酵，以好氧微生物为主降解、稳定有机物的无害化处理过程即为静态好氧发酵，也称堆肥。由于无害化程度高、易于操作等特点，好氧发酵在国内外得到广泛应用。经过发酵处理后，可以将生活垃圾中的可堆腐物处理成卫生的、无味的有机土产品，并可进一步加工为有机类肥料。

（二）垃圾分类

随着现代经济和科技的发展，垃圾处理技术变得越来越先进，人们对于垃圾处理的意识也在逐渐发生转变。垃圾处理不仅仅成为我国的焦点问题，全世界都对此高度重视。尤其是一些发达国家，为了普及垃圾分类，培养孩子垃圾分类的意识，已经将垃圾分类教育纳入学校教育，设立专门的课程进行学习。由此可知，从源头进行垃圾减量，并进行垃圾分类的举措渐渐成为处理垃圾问题的方法之一，而仅靠填埋、焚烧等方式是不可能从根本上解决问题的。

采用物品重复利用、延长物品使用寿命、减少一次性用品的消耗等方式，从源头减少垃圾的产生。采用适合当地垃圾处理方式的分类方法，对生活垃圾进行源头分类和管理。通过采用有效的教育方式，制定相应的法律法规，从多方面对人们的垃圾分类行为进行引导和制约。这些都是世界各国解决垃圾问题的重要方式。经过分类处理的垃圾中所蕴藏的巨大经济价值也吸引了大量的从业人员，垃圾回收作为一项产业在世界范围内迅速发展。以下是部分发达国家的垃圾处理经验。

1. 日本

①日本在垃圾分类方面的法律法规是十分完善的，通过法律法规明确了国

家、地方政府、企业和民众各参与者所应承担的责任。

②大体分为可燃物、不可燃物、资源类、粗大类、有害类，每类垃圾会在一周内指定的回收日收集。

③重视幼儿教育及国民教育，垃圾分类意识深入人心。

2. 加拿大

①加拿大政府规定垃圾必须分类，具有比较完善的垃圾分类处理设施，如生态站。

②不能随意丢弃有害垃圾，必须投放到指定地点。

③采用绿、蓝、灰三种颜色的垃圾桶，将生活垃圾分作三大类：有机垃圾（绿色桶）、可回收垃圾（蓝色桶）、不可回收垃圾（灰色桶）。

3. 德国

①德国自 1904 年就提出了垃圾分类的观念，并在全国普及了 50 多年，是世界上拥有垃圾分类系统最完善的国家。

②采用四种颜色的垃圾桶，分别为蓝色（纸类）、绿色（玻璃类）、黄色（塑料类、金属类）和灰色（有机类）。各地超市均设有包装回收设备及电池、药品等专门回收装置。

③如果分类不到位，将受到高额罚款，并且个人的社会信誉也会受到影响。

## 五、生活垃圾污染治理措施

（一）源头减量

源头减量是指从垃圾来源入手，通过改变产品设计习惯、改变原料采购习惯、改变消费者购买与消费习惯，以及改变商业模式等方法，减少生产生活过程的资源浪费与废弃物产量。

针对日益严峻的垃圾危机，我国政府在 1994 年将垃圾问题确立为可持续发展的基本战略，并在借鉴国外先进的管理经验和处理技术的基础上，不断加强环境保护基础设施的投入力度。但是由垃圾填埋、焚烧、堆肥和回收利用等一系列垃圾处理问题也会造成一定的二次污染，并已经成为世界性难题。因此，在处理垃圾时应尽量采用科学手段，防止垃圾分类不彻底或出现资源浪费的情况。

值得注意的是，再生利用是循环利用的最后一步，在扔掉物品之前，我们还要想办法尽量减少垃圾产量，做好物品的重复使用，这就是“3R”，即减少产生（Reduce）、重复使用（Reuse）和再生利用（Recycle）。

1.减少产生

转变末端治理的思想，从源头上控制，减少垃圾形成。垃圾的减量与生产者、消费者及分类回收的参与者紧密相关，目前，主要通过以垃圾收费为手段的垃圾源削减和进入垃圾处理系统之前的分类回收来实现垃圾的减量化。乡村生活垃圾源削减，主要是在农产品和禽畜的生产过程中以及村民在购买、消费商品或享受服务时实现。目前，对于生活垃圾源削减的管理措施比较丰富，如减少塑料的使用、抵制过度包装、沼气池建设、调整燃料结构、建立垃圾收费制度等。除此之外，应以完善的分类回收体系作保证，更好地实现废弃物资源化。

一是加大垃圾分类的宣传力度，让垃圾分类进入人们的日常生活；二是设立分类回收的基础设施；三是建立反馈机制，对于积极主动地进行垃圾分类的农民给予一定的物质鼓励。垃圾分类需要政府前期投入的资金较多，但一旦实施得当，就能取得较好的生态效益。垃圾是放错了位置的资源，进行垃圾分类可以提高资源的使用效率，产生一定的经济效益，同时减少垃圾的产生，对垃圾的降解也很有好处。

2.重复使用

由于农村垃圾具有分散性且垃圾的成分复杂多样的特点，因而农村垃圾的处理要有别于城市。

一是要引进城市的先进管理技术，依托城市垃圾处理的基础设施来建设乡村垃圾清运的设施。二是要建立统一的技术管理，实行城乡统一。建立“村收集、镇转运、县（市）处理”的三级联动垃圾处理系统。另外，还可以提升垃圾处理技术，目前，填埋、焚烧仍为我国生活垃圾的主要处理方式，这些处理方式会暴露许多问题，产生二次污染。为了促进乡村生态经济系统物质和能量的良性循环，实现经济效益、社会效益和环境效益的协调统一，应加大相关领域的科学研究、技术创新与开发力度，如在积极推广垃圾人工初级分类收集基础上，加强机械化系统分类技术研究、创新与推广，强化畜禽粪便、作物秸秆等有机生物垃圾综合循环利用和生态处理技术研究与开发等。

3.再生利用

乡村生活垃圾的处理会受到农民、外来人员、政府各方面的影响，因此，可以通过改变他们的行为来达到理想的垃圾处理效果。第一，各级政府、有关部门及领导干部亟待转变观念。切实将农村垃圾污染治理作为当前美丽乡村建设、生态文明建设和环境保护工作的重要内容。强化宣传，使“爱护环境，人人有责”的思想广泛深入人心，根植乡村。第二，加大投入力度，强化基础设施建设。作为生活在其中的农民是更应以保护和建设美丽乡村为己任，减少垃圾的形成，维护乡村的形象。美丽乡村建设要靠全社会的参与，外来的旅游者式探亲者也有责任减少制造垃圾。

（二）选择适当的分类方法

生活垃圾处理的最终目标是“减量化、资源化、无害化”，但是由于农村不同地区经济发展水平、人文、生活习惯、地理条件不同，垃圾的产量、组成成分等也存在着多方面的差异。农村生活垃圾成分复杂，含有有毒有害物的生活垃圾如果处理、处置不当，其中的有毒有害物在堆肥过程中通过大气、土壤、地表或地下水体等环境介质进入生态系统，将对人体产生不可逆的危害，因此将有毒有害物从生活垃圾混合物中分离出来是很重要的。农村垃圾分类既要统一化，又要允许多元化，可以根据村庄的实际情况采取不同的垃圾分类处理方法，因地制宜地做好垃圾处理工作。

1.“分两类”分类方法

（1）适用范围

适用于村落相对集中、连片示范镇等区域的清洁村庄达标村，周边已建有规范的垃圾处理厂。

（2）分类原则

将有毒有害物从生活垃圾中分离出来。生活垃圾为绿色桶，有毒有害物为黄色网箱。

（3）分类步骤

①农户将有毒有害物从生活垃圾中分出来，并用塑料袋包好，其余垃圾倒入垃圾桶中。

②农户将生活垃圾自行投放至街道垃圾容器内，有毒有害物投放至有毒有害物网箱。

③由保洁员统一收集至村内垃圾中转站。

④有毒有害物定期送至专门处置点。

2.“分四类”分类方法

（1）适用范围

适用于 1 个独立行政村或 1 ～ 3 个相邻较近的行政村、生态旅游村。分类后的生活垃圾实现就地处理。

（2）分类原则

分为可堆腐物、可回收物、可填埋物和有毒有害物四类。其中可堆腐物为绿色桶、可回收物为蓝色桶、有毒有害物为黄色网箱。

（3）分类方法

①农户在家中按照可堆腐物、可回收物、可填埋物和有毒有害物四类的分类方法将生活垃圾进行分类。

②农户将分类后的垃圾自行投放至街道可堆腐物、可回收物、可填埋物中转桶和有毒有害物网箱。

③保洁员负责指导分类、保持卫生和垃圾清运。

④有毒有害物定期送至专门处置点。

3.“两桶—网箱”分类方法

（1）适用范围

适合以行政乡镇或村落相对集中的示范镇或片区为一个处理单元，实施生活垃圾源头分类和处理一体化的建设，分类后的生活垃圾运送至生态站进行处理，可使生活垃圾填埋量减少 90% 以上。

（2）分类原则

分为可堆腐物、可回收物和有毒有害物三类。可堆腐物为绿色桶，可回收物为蓝色桶，有毒有害物为黄色网箱。

（3）分类步骤

①农户在家中按照“两桶—网箱”的分类方法将生活垃圾进行分类。

②农户将分类后的垃圾自行投放至街道可堆腐物、可回收物中转桶和有毒有害物网箱。

③保洁员负责指导分类和保持卫生。垃圾清运员在规定时间进行垃圾清运。

④有毒有害物定期送至处置点。

⑤清洁员将可堆腐物集运至生态站生产有机土，可回收物集运至生态站进行二级分类处理。

# 第二节　美丽乡村水污染的治理

## 一、农村污水概况

### （一）污水水质

①农村生活污水浓度低，变化大，不同时段的水质不同。

②农村生活污水内物质发生变化，部分生活污水已经出现氮、磷等可生化性强的元素及重金属和有毒有害物质。

③厕所排放的污水水质较差，但可进入化粪池用作肥料。

④在农村污水中，以有机物为主的污染物占主要部分，有机物经过许多微生物的分解，形成更小的有机分子，会造成更大面积的污染。

### （二）污水水量

①一般农村的生活污水量都比较小，除小城镇外，农村人口居住都较分散，水量相对较少，相应地产生的生活污水量也较小。

②变化系数大，居民生活规律相近，导致农村生活污水排放量早晚比白天大，夜间排水量小，甚至可能断流，水量变化明显，即污水排放呈不连续状态，具有变化幅度大的特点。

③村庄生活污水排放量应根据村庄卫生设施水平、排水系统完善程度等因素确定，农村居民的排水量宜根据实地调查结果确定。在没有调查数据的地区，可采取如下方法确定排水量：洗浴和冲厕排水量可按相应用水量的 70% ～ 90% 计算；洗衣污水量为用水量的 60% ～ 80%（洗衣污水室外泼洒的农户除外）计算；厨房排水则需要询问村民是否有他用（如喂猪等），如果通过管道排放，则按用水量的 60% ～ 85% 计算。

### （三）排放体制特征

①农村村镇人口较少，分布广泛且分散。

②农村生活污水一般呈粗放型排放。很多农村尚无完善的污水排放系统，污水沿道路边沟或路面排放至就近的水体。少部分地区具有完善的污水排放系统。

③农村生活污水中有机物含量高，N、P 含量增多。人们无意识的排放和雨水的冲刷使大量的有机质和 N、P 等物质流入湖泊等水体，如果不加以处理利用，常常会引起富营养化，给人们的身体健康带来不利影响。

## 二、水污染的危害

①破坏生态环境。人们为了寻求优质的水源，对地下水进行了无节制的开采，短短的几十年，地下水的开采已从原来的几米变为三百多米，并诱发了地面下沉、塌陷以及荒漠化等问题。在南方，由于水体被污染，水中出现了大量水生植物，例如蓝藻、水葫芦等，河流经水生植物的侵害慢慢失去自我净化能力，变成一潭死水。

②影响人们的正常生活。农村污水环境的不和谐，使水资源的安全供给成为问题。资料显示，全国有近3.2亿的农民喝不到符合标准的饮用水。在水资源相对紧缺的北方，许多河流已经变得干旱，逐渐成了耕地。

③威胁人类健康。农村中被污染的水中含有多种有害物质，更有一部分进入到鱼类身体中，被人吃进肚子里，从而引发身体疾病。

## 三、农村污水处理措施

### （一）科学发展，因地制宜

不同区域有不同区域的地域特点，在落实农村污水措施期间，需要根据实际需要，因地制宜。另外，还要尽力完善农村相应的污水治理政策，强化科学有效的生态发展理念，加强技术政策、设计规范的探索，充分体现各地乡村特色，积极开展工艺技术研究。

### （二）强化宣传，提高认识

要想农村污水得到有效的处理，还需要提高广大农民的水环境保护意识，这就需要发挥宣传的巨大作用。通过各级政府开展相关的宣传活动，大力整治农村污水治理环境，带动群众共同认识污水治理建设的积极意义和实际取得的效益，使其真正参与到污水治理工程中来。

### （三）规划区域，完备设施

为了改变农村污水治理现状，提高农村污水治理水平，需要得到资源和设施的双重保障，也就是说，解决农村地区饮用水水源地污染问题需要加快防治设施的建设，尤其是问题较突出的地区或重点区域。只有完备设施建设，污水治理问题才能够到有效解决。

### （四）科学研究，提高水平

加大科技投入，重视可持续发展技术的应用。加大污水治理的研究力度，加大科技投入，重视科学技术在污水治理方面的作用及可持续发展技术的应用。另外，对农村当地水环境进行统计和分析，针对实际问题提出处理方案，提高污水处理工艺技术的处理能力及水平。

（五）完善政策，加强监督

以环境保护规划为前提，加强政府各部门的管理力度，及时出台相关的治理政策，积极探讨相关法规的制定问题，并且强化考核，加强监督。

总之，乡村生活污水的处理是关系到该地区新农村建设、美丽乡村建设、生态村庄建设的重要内容，它是改善广大地区、乡村居民生活水平、提高乡村居民身体健康水平的重要途径之一，同时也是构建和谐家园的内在需求，更是习近平总书记提出的“既要金山银山，也要绿水青山”的工程保障。为此，全民动员，积极参与污水治理建设，给乡村的青泉碧溪安上一道坚不可摧的防护盾。

## 第三节 美丽乡村土壤污染的治理

### 一、园林苗圃的土壤管理

（一）用地选择

苗圃用地的选择关系到苗木的产量和质量，因此需要进行多方面的考虑和排查，一般的苗圃用地所需要的条件通常有以下几个方面。

1. 苗圃的位置

首先要选择靠近公路、铁路或水路的地方，便于苗木和各种物资的运输。其次，苗圃地应设立在苗木需求中心，这样可以减少运输过程中苗木失水而导致的苗木质量的降低。另外还应该注意尽量远离污染源。

2. 地形地势

苗圃用地的地形选择上应避免选择坡度过大的地方，应该背风向阳、排水良好，并且地势平坦开阔。

3. 土壤

苗圃地土壤好坏直接影响着苗木的营养条件。园林苗圃选址要具有长期观念。根据园林苗圃作物生长周期的需要，选择适合浇水、施肥的土壤。建议排除过于黏重、通气性和排水性都较差的土壤，这样会有碍苗木根系的生长，不仅耕作困难，而且冬季苗木冻死现象严重。

### （二）土壤耕作

耕地作为一种农事活动，又可称为整地，是土壤耕作的主要环节，需主要关注两点，即耕地深度和耕地时间。

#### 1. 耕地深度

耕地的深度对耕地的各项效果有直接的影响。一般播种育苗，耕地深度以20至25厘米为宜；扦插苗、移栽苗的分布较深，耕地深度以25至35厘米为宜。耕地的深度还要考虑气候和土壤条件，在气候干旱的条件下宜深，在湿润的条件下可浅些；土壤较黏的圃地宜深，砂土宜浅；秋耕宜深，春耕宜浅。

#### 2. 耕地时间

耕地一般在春秋两季进行。土壤持水量在40%～60%时为最适宜耕地时间。因为，此时土壤可塑性、凝聚力、黏着力、瓷阻力最小。土壤经深耕以后，若过于松散，其毛细管作用被破坏，根系吸水就困难，所以耕后必须适度镇压土壤。

### （三）覆盖保墒

为了保持土壤水分，减少灌溉量，同时也防止水分蒸发引发的土壤板结，有必要采取覆盖措施。尤其在北方地区，对于小粒种子的树种，除了灌足底水，播后均应进行覆盖，以利出苗。

覆盖应就地取材，以经济实惠为原则。要注意不能引来病虫害，不妨碍灌水时水分渗入土壤，质量较轻，不会压坏幼苗又便于运输。一般只要稀疏的覆上一层覆盖物，无须完全遮盖，就可起到良好的保墒作用。在种子发芽时，应注意及时撤除覆盖物，并进行松土，以保证苗床中的水分。

现用的覆盖材料有塑料薄膜、秸秆、稻草、苔藓、树木枝条及腐殖质土和泥炭等。

### （四）中耕除草

中耕除草可以疏松表层的土壤，减少土壤水分的蒸发，增加土壤的保水蓄水能力，促进土壤空气流通，提高土壤中有效养分的利用率，从而促进苗木根系的生长。

中耕除草作业主要集中于苗木生长的前期。松土，一般结合除草，在降雨和灌溉后及土壤板结的情况下进行。松土，一般每年4～6次，灌溉条件差时应增加松土次数。松土深度以不伤苗木根系为原则。其方法如下。

①一般而言，针叶树苗，小苗宜浅；阔叶树苗，大苗宜深；株间宜浅；行间宜深。出苗初期，一般需进行松土、盖土以增强苗木的抗逆力。

②撒播苗及条播苗等，应在灌溉、间苗、施肥、拔草等作业后或是雨后旱前，结合清沟，及时进行松土、盖土，以增强苗木的抗逆力。

一年中的深中耕通常结合施用基肥进行，以利于根系生长和树势恢复。

#### （五）合理灌溉

调节水分是播种管理的关键。土壤中有机物的分解，苗木对营养的吸收等都与土壤的水分有关。特别是在幼苗期，苗木对水分的要求极其严格，稍有缺水就容易发生萎蔫现象，水分过多则易发生烂根。所以灌溉时要注意以下两个方面。

①土壤水分要适宜，过多过少都会影响苗木的生长发育。

②灌溉时间、数量及次数应根据不同树种的特性、苗木的生长期、土壤特点和气候条件等具体情况而确定。

常用的灌溉方法有地面灌溉、喷灌和滴管三种。

### 二、设施园艺的土壤管理

#### （一）设施栽培土壤的特性

1.次生盐渍化

由于温室是一个封闭（不通风）的或半封闭（通风时）的空间，自然降水受到阻隔，土壤几乎不受自然降水自上而下的淋溶作用，因此土壤中积累的盐分不能被淋洗到地下水中。而室内温度高，作物生长旺盛，土壤水分自下而上的蒸发和作物蒸腾作用比露天种植强，根据“盐随水走”的规律，这也加速了土壤表层盐分的积聚。

2.有毒气体增多

在设施农业土壤上栽培植物时，栽培者会向土壤中施用大量铵态氮肥，由于室内温室较高，很容易使铵态氮肥气化而形成 $NH_3$。$NH_3$ 浓度过高，会使植物茎叶枯死。若土壤内通气条件好，氨在一周的时间内就会氧化产生 $NO_2$，同时施入土壤中的硝态氮肥，如通气不良，也会被还原为 $NO_2$。$NO_2$ 含量过高，植物叶片将会中毒，出现叶肉漂白，影响植物的正常生长。

3.病虫害发生严重

在设施生产中，设施一旦建成，就很难移动，连作的现象十分普遍，年复一年的种植同一种植物。加之保护地环境相对封闭，温暖潮湿的小气候也为病虫繁殖、越冬提供了条件，使设施地内作物的病害十分严重，类别较多，发生频繁，危害严重，使得一些在露地栽培可以消灭的病虫害，在设施内难以绝迹。

4.土壤肥力下降

设施内作物栽培的种类比较单一，为了获得较高的经济效益，往往连续种植产值高的作物，而不注意轮作倒茬。久而久之，就会使土壤中的养分失去平衡，某些营养元素严重缺少，而某些营养元素却因过剩而大量残留于土壤中，致使土壤肥力下降。

由于保护地内不能引入大型的机械设备进行深耕翻，少耕、免耕法的措施又不到位。连年种植会导致土壤耕层变浅，发生板结现象，团粒结构破坏、含量降低，土壤的理化性质恶化，并且由于长期高温高湿的生长环境，使有机质转化速度加快，土壤的养分库存数量减少，供氮能力降低，最终使土壤肥力严重下降。

（二）设施土壤管理

1.改善耕作制度

换土、轮作和基质栽培是解决土壤次生盐渍化的有效措施之一。但是，劳动强度大不易被接受，只适合小面积应用。轮作或休闲也可以减轻土壤的次生盐渍化程度，达到改良土壤的目的，如蔬菜保护设施连续施用几年以后，种一季露地蔬菜或一茬水稻，对恢复地力、减少生理病害和病菌引起的病害都有显著作用。

2.以水排盐

合理灌溉降低土壤水分蒸发量，有利于防止土壤表层盐分积聚。设施栽培土壤出现次生盐渍化并不是整个土体的盐分含量高，而是土壤表层的盐分含量超出了作物生长的适宜范围。土壤水分的上升运动和表层蒸发是使土壤盐分积聚在土壤表层的主要原因。灌溉的方式和质量是影响土壤水分蒸发的主要因素，漫灌和沟灌都将加速土壤水分的蒸发，易使土壤盐分表层积聚。滴灌和渗灌的灌溉方式既经济，同时又可防止土壤下层盐分向表层积聚，是较好的灌溉措施。

3.科学施肥

根据土壤养分状况、肥料种类及植物需肥特性，确定合理的施肥量和施肥方式，做到配方施肥。控制化肥的施用量，以施用有机肥为主，合理配施氮、磷、钾肥。化学肥料做基肥时要深施，并与有机肥混合施用，作追肥时要“少量多次”，以缓解土壤中的盐分积累。

4. 定期进行土壤消毒

（1）药剂法消毒

方法一：甲醛消毒。甲醛是一种具有强还原性，刺激气味较强的无色液体，主要用于消毒和防腐。40% 甲醛不仅能消灭土壤中的病原菌，还能将一些有益微生物杀死，因此，在使用时，应注意控制其浓度在 50 至 100 倍之间。正确的使用步骤为：先将温室或温床内的土壤翻松，然后用喷雾器将甲醛药剂均匀喷洒在土壤上，使土壤充分吸收药液，最后用塑料袋将土壤覆盖，保持两天的时间，让药液充分发挥杀菌作用，揭膜。需要注意的是，揭膜后不能立即在土壤上播种，需要两周的时间，待甲醛完全散发出去，才能使用。

方法二：硫磺粉消毒。硫磺粉是一种重要的化工原料，被用作杀虫剂、霉菌剂、催化剂及炸药等。利用硫磺粉消毒，可消灭红蜘蛛、介壳虫等有害生物及白粉病菌。使用硫磺粉的正确步骤为：在播种后或定植前的两至三天进行硫磺粉熏蒸，熏蒸二十四小时即可。注意在熏蒸的过程中，门窗都要关紧。

方法三：氯化苦消毒。氯化苦，别名为三氯硝基甲烷，是一种无色或微黄色油状液体，主要作为熏蒸剂，用于粮食熏蒸和土壤消毒，可消灭红蜘蛛、介壳虫等有害生物及白粉病菌和硝化细菌。使用氯化苦的正确步骤为：先将苗床土壤堆成高 30 厘米的长条，具体宽度由覆盖薄膜而定，然后在每 30 厘米处注入 3 至 5 毫升的氯化苦药剂，直至地面下 10 厘米处，用薄膜覆盖一段时间（夏季为 7 天，冬季为 10 天），再将薄膜打开放风一段时间（夏季为 10 天，冬季为 30 天），待没有明显刺激性气味时方可正式使用。需要注意的是，氯化苦药剂为剧毒品，对人体有非常大的伤害，因此使用时应保持开窗。

以上三种药剂在使用的过程中，需要提高室内温度，这样能有效提高药效，缩短消毒时间。

（2）高温法消毒

方法一：蒸汽消毒。蒸汽消毒以消灭土壤中有害微生物为目的，利用蒸汽高温，提升土壤温度，使生物细胞内的蛋白质或酵素变形，进而杀灭细菌。杀灭不同的细菌病毒，其温度和消毒时间也不同。例如，大多数土壤病原菌的消毒温度在 60℃，时间为 30 分钟；烟草花叶病毒的消毒温度在 90℃，时间为 10 分钟；杂草种子的消毒温度在 80℃，时间为 10 分钟。在消毒的过程中，一定要控制好消毒条件，否则会产生不良影响，造成作物生育障碍。

土壤蒸汽消毒前，需要先对土壤进行浇水处理，使土壤含水量保持在 20～30% 的范围内，再进行松土、整地。蒸汽消毒时，应使用耐热橡皮布将待消毒的土壤或基质表面层密封完好，再将蒸汽管放置到覆盖物下，并设置好消毒温度。蒸汽消毒后，不可马上在已消毒的土壤上种植作物，需经过 4～7 天，待土壤的静菌作用恢复后再进行种植。

目前，蒸汽消毒是土壤高温处理消毒中最有效的方法，不仅省时省力，在较短的时间内达到非常显著的消毒效果，还不会对土地产生污染和破坏，经过高温蒸汽的土壤，其通气性、保水性及保肥性也有了很大的提高，同时还可促进土壤中有机物的分解。

方法二：高温闷棚。高温闷棚，就是利用夏季歇棚期，密闭棚室，让棚室自然升温，使棚内温度达到 70℃，从而杀死棚室和土壤中的大部分病菌和虫卵。进行高温闷棚时要注意五点，即闷棚前要深翻土壤、棚室封闭要严、闷棚时间要足、闷棚后大水漫灌，以及及时补充生物菌。

（3）冷冻法消毒

冷冻法消毒是一般在冬季进行，将受到病虫卵侵害的土壤放置在寒冷的天气中，撤掉保护膜，并松土整地，从而对土壤进行彻底消毒。

5. 种植耐盐作物

土壤盐分含量高或呈现酸性的状态，都不利于植物作物的生长，因此需要通过种植一些耐盐或吸盐能力较强的作物，以降低土壤盐分含量，提高土壤 pH 值。例如种植玉米、高粱、甘蔗等作物，因为其吸肥和吸盐能力较强，能将土壤中的盐分吸收到自己体内，可以在很大程度上缓解土壤的盐害。又比如种植油菜、芹菜、芋头等一些耐酸能力较强的蔬菜，也能吸取土壤盐分，提高土壤 pH 值。

# 第七章　乡村文化与美丽乡村建设

由于对 GDP 的盲目追求，使得乡村的很多价值都无法体现出来，生物的多样性也呈现出下降的趋势，景观丰富性也不断减弱，水土流失严重，土壤衰竭，整体环境逐渐恶化。对于美丽乡村的建设，不能仅仅停留在对环境的美化上面，还应该从文化角度去感知乡村的美。

## 第一节　乡村文化概述

### 一、乡村文化的构成及功能

所谓乡村文化，就是形成于乡村社会环境当中，以乡村村民为主体，以乡村社会的生活和生产方式为基础的文化。乡村文化主要包括当地的语言、风俗、思想、情感、娱乐、竞技、民间艺术等。乡村的一草一木都是乡村文化的最真实反映，乡村文化对农民的行为有着十分深刻的影响。乡村文化是当地农民通过世世代代的积累和不断修整逐渐形成的，它并不是一成不变的，而是随着时代的变迁不断发生着变化。

乡村文化的构成主要包括以下几个层面。

①乡村独有的一些自然生态景观。

②建立在生态之上的村民的生产、生活方式。

③在乡村生活当中孕育并传递的文化精神和邻里情感。

由此可见，乡村文化注重的是人与自我、人与人、人与乡村及自然的和谐共存。

诗人和文豪喜欢将自己的情感寄托到乡村特有的山水、田园等自然景观下，自然环境的生态美往往会通过他们的文学作品显现出来，比如深邃辽阔的天空、广袤无垠的土地、巍然屹立的山川及蜿蜒流淌的河流，让人发自内心的敬仰和羡慕。

面对自然环境，乡村文化长期以来秉承的原则就是给予生态规律充分的尊重，绝不违背生态规律，这也是乡村文化的基石。乡村的农业生产方式直接影响着该地区的乡村文化，农村的很多习俗都是农民在田间劳作的过程中形成的，同时，艺术创作的灵感也是由此而来，甚至许多舞蹈、戏曲也是在农民田间劳作的过程中演变而来的。

除此以外，制作工艺品所需原材料大多也都是从田间获取，比如出自中原小麦产区的麦秆画。另外，在村民的日常交流当中，还存在着一种无形的潜文化，这种潜文化中蕴含着一种自然、淳朴的文化品格，成为村民的精神支撑。

乡村文化不论是对农民个体、群体还是整个乡村社会，都起着不同的作用，可以说，它是建设美丽乡村的“软实力”。

乡村文化的作用主要体现在以下几个方面。

①使农民的精神生活得到进一步的丰富和提高。

②使农民的整体素质得到提高。

③有助于以和为真、以和为善、以和为美乡村社会风气的形成。

④能对乡村群体的行为进行规范，维持乡村社会秩序。

生活在特定地区的人们独特的审美创造主要体现在乡音、乡情、乡风及乡俗上，这些因素也使该地区形成独具魅力的人文风景。乡村文化不仅可以陶冶人们的情操，还可以净化人们的灵魂，此外，它还有十分重要的经济价值，是长久的文化资源和文化资本，也是提高生产力的关键因素。

若想使乡村文化的竞争力得到进一步提升，做到特色与经济效益提高的有效结合，可以从以下几点着手。

①对乡村文化资源进行整合。

②对乡村的产业结构进行调整。

③发展乡村旅游业、生态文明村及观光农业等。

## 二、乡村文化发展的制约因素

### （一）外来文化的干扰

文化特征是由地理环境决定的，并经过长时间的沉淀形成了不同的文化底蕴，可以说，人类社会受地理环境的影响是非常大的。比如古印度、古巴比伦、古希腊、罗马文明等不同文明的产生就是由于水域条件的不同造成的。

在我国，地理环境不同的地区，在文化上也会存在一定的差异。由于乡村比较重视农业的发展，所以在交通和通信方面都比较落后。各地区之间的文化交流与相互渗透并不是一蹴而就的，而是一个循序渐进的过程。乡村文化就是在借鉴其他地区文化的基础上，与当地文化有机结合，从而形成与该地区相符的、新的、有特色的文化，比如佛教文化的本土化。

改革开放之后，农民的流动性逐渐增强，再加上各种媒体设施的传播，一些乡村文化开始被城市文化殖民和改造。长此以往，乡村居民的语言习惯、生活方式、思维方式及居住状态都在潜移默化地发生着变化。并且，一些具有乡村特色的文化资源也逐渐被弱化，很多传统民间文化，比如民歌、故事、曲艺等也渐渐流失，有的甚至已经不复存在，一些乡村习俗和仪式也随着时间的推移而被人们逐渐遗忘。

受乡村环境的影响，即使有大量较为高雅的城市文化不断渗透到乡村，但却很难在乡村扎根，反而是一些比较低俗的文化逐渐充斥着整个乡村，使乡村文化的独特性及精神内涵逐渐丧失，加速了乡村文化的荒漠化，乡村文化培育的独立性和自主性逐渐消失。

现代化发展的一个必然趋势就是在乡村文化中融入城市文化。乡村虽然远离城市，但却并不是完全封闭的，难免会与外界产生一定的交流，这也就使得城市文化渗透到乡村文化成了一种必然。

最为重要的是，对于外来文化对乡村带来的影响，应该进行妥善的处理。一旦在处理的过程中出现任何差错，就很有可能会使乡村文化成为一种空壳文化，原有的乡村文化会在非常短的时间内被打破，而新的文化秩序短时间内又无法建立，直接导致乡村文化的发展受到阻碍，出现文化断裂的现象。

此外，一些比较传统又不合时宜的乡村文化的破碎和消亡也将会成为必然。同时，随着城乡一体化的不断发展，对于一些好的城市文化也要积极地汲取，切不可因为对传统优秀文化的保护而把乡村文化建设成为独立于现代都市文化的“飞地”。在建设美丽乡村的过程中，必须要处理好城市文化与传统乡村文化之间的关系，这也是乡村文化建设过程中的关键。

### （二）缺少乡村内部文化传承的主体

农民在日常生活和生产实践的过程中逐渐创造了乡村文化，也正是在这一过程当中，农民可以通过相互之间的交流，对乡村民俗文化有更深的感受，并将这种乡村特有的民俗文化世世代代地传承下去。直到改革开放以后，改革和经济得到飞速发展，这种状况才开始发生变化。

传承乡村文化的主要力量就是青少年。但由于城市化的发展和计划生育政策的实施，乡村青少年的数量逐渐减少。除此以外，为了公共教育资源的合理配置及教师队伍的优化，开始了大规模的拆点并校，打破了以往“村村有小学”的格局，乡村的儿童必须要到中心村或乡镇去上学，有些甚至还需要寄宿，这就直接导致青少年在乡村生活的时间大大缩短。在深受城市文化影响之后，加之长期远离乡土，一些从乡村出来的孩子渐渐瞧不起乡村文化，使得乡村文化无法继续传承。

不管是学校教育、家庭教育还是社会教育，都属于对人的教育，只是相比之下，学校教育属于一个比较特殊的教育环节。家庭教育主要是通过父母在无意识的情况下进行的一些“言传身教”，这种教育可以使孩子在潜移默化的过程中获取老一辈积累下来的乡村生活经验。

但由于对更好物质生活的强烈追求，大部分青壮年相继去到城市中打工，大大削减了乡村文化的根基，这也使得很多乡村儿童在成长的过程中严重缺少父母的关爱和教育，再加上电视及网络媒体的普及，乡村文化传承的主体便更加缺失，甚至一些乡村已经变成了一个空壳村，传承文化就更无从谈起了。

### （三）工业文化的影响

生态文化不仅是时代的选择，同时也是建设美丽乡村的必然选择。比如生态文化中的动物文化、植物文化、荒漠文化、湿地文化及森林文化都可以使乡村文化的内涵变得更加丰富。

“天人合一”“无为”的生态文化思想观念一直被传承了下来，但随着工业文化的发展，人们开始无节制的追求金钱和资本，对自然界直接无视，甚至不惜破坏自然环境。

目前，为了经济发展，为了金山银山人们依然果断放弃了绿水青山，这也就意味着在这次竞争当中，工业文化完胜乡村生态文化。人们被金钱冲昏了头脑，完全意识不到其实绿水青山就是金山银山。所以，如何协调这两者之间的关系是建设美丽乡村的关键因素之一。除此以外，如何重新生发生态文化之根、培育生态文化发展的内生机制也是村民需要重点考虑的问题。

## 三、乡村文化中的邻里关系

传统乡村对邻里之间的关系也是非常重视的，这也是“远亲不如近邻”这句俗语的由来。所以，农民在相处的过程中都会遵循互帮互助的原则，邻里关系通常都是比较和睦的。

改革开放之后，乡村的社会结构发生了翻天覆地的变化，由于贫富差距及从事职业的不同，乡村邻里之间也开始出现了社会分层，共同语言越来越少，人们之间的交流也就随之减少，心理上的距离感也就由此产生。

简单地获取和参与只是文化发展的一部分，保护和创新同样也是文化发展的关键，其中必不可少的就是人与人之间的交流，而邻里之间的逐渐冷漠，恰恰严重阻碍了乡村文化的发展。

### 四、乡村文化产业的滞后性

农耕时期虽然出现了文化和文化产品，但却没有出现文化产业。只有处于社会上层的达官贵人和文人墨客才可以真正地享用文化。随着工业文化的到来，文化产业也开始出现，文化和文化产品逐渐变得普遍起来，即使普通百姓也有了享受文化的权利。

文化作为一种生产力，可以使乡村文化产业得到进一步的发展，同时还可以带来一定的经济效益，进而达到农民增收的目的。但是从目前的状况来看，乡村文化日益边缘化，致使乡村文化产业发展不起来，乡村文化产品的生产、流通、消费等环节不能协调发展，乡村文化发展受到了严重制约。

## 第二节　美丽乡村的文化培育

### 一、文明乡风的培育

受西方文化和城市文化的影响，人们曾一度将愚昧、落后、闭塞等作为中国乡村文化的代名词，甚至觉得乡村文化应该立刻进行改造。其实不然，乡村文化的价值是独特的、不可取代的。并且在它的核心和精髓当中，蕴含着建设美丽乡村所需要的精神价值和理念。我们应该对乡村风俗给予充分的尊重，对乡村优秀传统文化进行保护，不仅如此，我们还要坚决遏制传统文化中的糟粕。

我国的乡村除了数量多、历史悠久以外，每个乡村都有其独特的地方特色和民族特色。对优秀传统文化进行保护和传承，可以有效增强当地农民的文化自豪感和归属感。

当然，我们在对乡村传统文化进行保护和传承的过程中，难免会遇到一些难题。比如，如何协调好传统乡村文化与现代乡村文化之间的关系，毕竟历史不可能倒退，生活在现代化之下的农民也不可能再回到农耕文明的时代，我们所要做的就是顺应时代的发展，对乡村文化进行保护，使乡村文化可以很好地传承下去，而不是试图复兴传统乡村文化。

对于乡村传统文化的保护，主要包括以下三种方式。

#### （一）建设乡村文化博物馆

所谓建设乡村文化博物馆，就是采集相关标本，将标本珍藏于博物馆当中予以保护。如果一个新农村失去了集体记忆、没有了归属感和身份认同，也就意味着丧失了生活的尊严，等同于一个废弃的空壳。

建设乡村文化博物馆，可以使人们通过珍藏的展品，对以往的乡村岁月有一定的了解，同时还可以帮助曾经生活在乡村的人们回忆过去的岁月，有助于重塑乡村文化主体的文化认同感。

（二）文化生态区域性保护

文化生态区域性保护也是有效保护传统乡村文化的一种方式，这种保护方式是以不改变当地的生产和生活环境为前提，在该地区开展极具特色的、原生态的文化保护。

（三）将传统文化纳入现代文化产业链

这种保护方式就是在现代文化产业链当中，对乡村传统文化进行加工和销售，进而实现对文化的保护。

如何对传统乡村文化进行保护，要做到因地制宜。毕竟每个乡村所面临的状况是不同的，需要采取的文化保护措施也必然会有所区别。此外，我们还要在对文化保护的过程中，不断探索新的保护路径。

## 二、乡村文化承载主体的培育

只有在合适的环境当中，文化才能得以生存，而文化的创造者和承载者就是在这种环境中生存的人。深受城市化的影响，大多数村民都背井离乡，去城镇工作。而要想建设乡村文化，就必须要最大限度地留住文化建设的主体，实现劳动力的就地转移。

若想让农民留在当地工作，就要大力发展村镇企业，解决农民的就业问题。在这一方面做得比较好的要数福建省泉州市及广东省东莞市，它们通过实现就地城镇化，留住了大量的年轻人才，促进了乡村文化的建设。

传承和发展乡村文化的一群后备力量就是儿童和青少年，所以，要适当地将乡村文化引进校园，带到课堂之上。甚至有必要将其纳入学校教育体系，让乡村文化得到更多的认同，此外，学校教育与乡村文化的有机结合，也使乡村文化传承的路径得到进一步拓宽。

民间文化组织可以将村民的主体作用充分地发挥出来，同时它还是维护地方特色文化的生力军，其以艺术形式或手工技艺传承历史文脉，为培育乡村文化人才搭建起平台。发挥农民自身的积极性，创新文化活动载体，开展丰富多彩的文化活动。

## 三、乡村文化产业的发展

乡村经济发展的内驱动力就是乡村文化，我们要对乡村文化资源进行不断地挖掘，并可以有效地将其转化为物质生产力，这样不仅可以使村民精神文化方面的需求得到满足，同时还对推动乡村经济发展有很大的帮助。比如山东省将柳编产业发展成了当地的经济增长点，使经济效益和社会效益有机地结合在一起，再通过经济与文化的支撑，进而形成共赢共生的格局。

随着城市化的迅猛发展及居民收入水平的提高，人们的消费观念发生了翻天覆地的变化。同时，对乡村文化产品的消费需求也在不断地增大。目前，乡村文化产业的发展势如破竹，一些乡村的传统服饰、传统饮食等已经成了文化产业发展的重要资源。

由于存在区域空间上的差异，使得乡村文化产业以各种各样的形势和风格自由的发展，一些原生态的文化资源也被不断发掘。比如四川省的古石碉楼，东北的二人转、地方戏曲，云南省的纳西民居和白族银饰工艺，贵州省的吊脚楼，陕西省的泥塑，江苏省的刺绣工艺，以及河北省蔚县的剪纸等。

产品的设计、生产、销售及消费等环节是乡村文化产业链的重要组成，就当前的形势来看，乡村文化产业在创意设计和营销手段方面还存在着明显的不足，有待提高，主要可以从以下几个方面入手。

①注重不同文化艺术门类及不同层次人才的培养，通过建立专门的手艺传习所，传承手工文化。

②对文艺工作者的创造性给予充分的尊重和足够的创造空间，只有这样才能使文化作品的艺术水准及审美趣味得到进一步的提升。

③树立文化品牌，提升产品的层次，对经营模式进行不断地改善和创新。

④加强与其他乡村产业的融合，尤其要注重与生态农业和生态工业的融合，只有这样才能有效促进乡村文化产业的发展。

乡村文化产业将会朝着生态文化产业的方向发展，生态文化产业对乡村文化产业的影响主要体现在以下几方面。

①拓宽了乡村文化产业项目。

②延长了乡村文化产业链。

③使乡村文化产品品味有了大幅度的提高。

④增加了乡村文化产品的附加值。

此外，生态文化中人与自然和谐相处的理念也成为建设美丽乡村的基础，这也就意味着乡村生态文化产业的发展成为美丽乡村建设的必然趋势。

乡村旅游作为一种新兴产业，它不仅可以有效促进农村经济的发展，同时还可以解决“三农问题”，促进城乡一体化的实现。虽然乡村旅游经历了几十年的飞速发展，但也不可避免地出现了一些诸如可持续发展的后劲不足、旅游客源市场萎缩等深层次问题，直接导致了乡村旅游产品的吸引力逐渐下降、生命周期日益缩短等后果。

即使是在乡村旅游发展比较发达的浙江省，也存在本土文化挖掘不深、缺乏品牌文化、开发程度不深、乡村旅游营销方式落后等问题。可以说，这些问题对乡村旅游持续健康的发展是非常不利的，同时也对乡村文化的传承与保护产生了很大的影响。

如何使乡村旅游发展与乡村文化传承相得益彰，实现美丽乡村建设与乡村旅游转型升级的融合发展，确保“在发掘中保护、在利用中传承”，打造乡村文化旅游品牌，是当前和今后很长一段时间内中国乡村旅游发展需要解决的关键问题。

## 四、“美丽乡村”建设与乡村旅游相融合

### （一）留住“乡愁”与乡村文化保护

所谓留住“乡愁”，就是在城镇化发展的过程中，最大限度地对乡村文化和景观进行传承和保护。只有处理好乡村旅游发展、乡村文化传承及城镇化发展这三者之间的关系，才能有效地保护乡村文化和“乡村性”。

原生态的乡村生活、乡土文化和自然环境即为乡村性，比如一些传统街巷、房屋、节日、礼仪、庙会等，这些都承载着城市人回归自然、返璞归真的美好愿望，同时也是他们无法释怀的精神寄托，更是乡村旅游休闲的魅力所在。

保护好乡村文化与“乡村性”，是“留得住乡愁”的基本路径，更是当前中国文化建设、生态建设和美丽乡村建设的重要内容，这对于推动城镇化的进程、保护和延续中国传统文化等有着极为重要的现实意义，也是彰显乡村旅游的独特魅力，以及提升乡村旅游吸引力的重要选择。

### （二）“美丽乡村＋文化旅游”的生动样板——馆陶县

馆陶县是河北省邯郸市下辖县，地处河北省东南部，以卫运河为界与山东省冠县、临清市毗邻。近年来，馆陶县依托美丽乡村发展乡村旅游，通过完善基础设施、挖掘文化内涵、提升服务管理等措施，推动特色小镇和乡村旅游融合发展，走出了一条“美丽乡村＋文化旅游”的新路子，成为“美丽乡村”建设与乡村旅游融合发展的典范，并入选为2016年全国休闲农业和乡村旅游示

范县。

馆陶县地处冀鲁豫三省交界地带，作为省级贫困县和黑龙港流域平原农业县，在推进美丽乡村建设中，坚持一切从实际出发，尊重民意、留住乡愁，突出特色、做强产业，走出了一条美丽乡村与文化旅游结合的新路子。

1. 重设计

坚持规划先行，宁留空白、不留遗憾，立足村情实际，对美丽乡村建设的整体布局、各功能分区、微景观塑造等进行精心设计，体现特色和品位。

2. 重建设

在美丽乡村建设的资金筹集和使用方式上，精准投入科学引导，引起全社会的重视，探索了市场化融资运作模式，实现了花小钱、办大事的效果。

3. 重效果

在美丽乡村建设中，没有扔掉老物件，没有拆掉老房子，而是把这些有历史感的东西保留了下来，做进一步包装，留住了美好，锁住了乡愁。

4. 重协同

在建设美丽乡村的过程当中，不仅要注重内生力量的激发，还要充分借助外在力量，将各方面的积极性、主动性及创造性调动起来，从而营造出一种同心协力、共建共享的良好氛围。

## 五、乡村旅游的文化内涵建设

### （一）深挖乡村文化内涵

乡村旅游发展需要加强专业化引导。虽然当前乡村旅游发展势头很好，但也出现了旅游服务缺乏品质、乡村文化内涵挖掘不深、发展模式比较单一、旅游产品缺乏特色和同质化现象普遍等问题。这既难以适应乡村旅游消费者日渐多元化的消费需求，制约了乡村旅游发展的转型升级，又产生了乡村旅游创新能力不足、整体吸引力不强等缺陷。

从目前乡村旅游的发展情况来看，几乎都是一些“农家乐”、采摘、务农体验等层次比较低的乡村旅游项目。若想有效改善这一现状，必须大力加强乡村旅游的文化内涵建设。

城乡文化相互接触和传播的一种有效途径就是乡村旅游，城市文化的现代化和市场化，对乡村文化产生了很大的冲击。城市文化和乡村文化之间的涵化所产生的影响主要有以下两种。

①使乡村文化得到了一定程度的振兴。

②乡村文化被城市文化同化和商品化。

因此，要加强乡村旅游发展的专业化引导，深挖乡村文化内涵，加强乡村旅游的“文化灌注”，使得乡村旅游可以朝着比较良性的方向发展。同时还要顺应发展趋势，加强乡村旅游的专业性和科学规划管理，提升乡村旅游从业人员的专业素养和管理水平。

1. 挖掘和保护乡村活态文化

重视乡村活态文化的挖掘和保护，不仅可以起到深挖乡村文化内涵的作用，还可以使乡村旅游产品的吸引力大幅增强。

如果将乡村传统建筑看作是乡村凝固的历史和乡村文化的物质载体，那么乡村活态文化就是活的乡村历史文化载体。比如乡村文化习俗、非物质文化遗产等都属于乡村活态文化，它们将乡村文化旺盛的生命力充分地体现了出来。

2. 加强“乡村文化”的灌注

生活在城市当中的居民是我国乡村旅游的主要客源。他们之所以将旅游地点选在乡村，主要就是为了暂时告别城市中的文化常态，去享受乡村农耕文化中的清新与自然。

乡村旅游的一大特点，同时也是农耕文化的核心，就是拥有优美的田园风光和古朴的农耕情调。将农耕文化灌注到乡村旅游当中，不仅可以使乡村旅游产品的文化品位大幅提高，还可以使乡村旅游活动更具参与性和文化体验性，有助于乡村旅游今后的转型升级，进而实现可持续发展。

3. 丰富旅游文化内涵

从吃、住、行、游、购、娱等环节和旅游业发展全过程来提升乡村旅游文化的内涵。搞好乡村旅游开发建设，可以从以下几方面入手。

①保护自然文化遗产。

②深度挖掘乡村旅游的文化内涵。

③加强科学知识的普及。

④提高旅游商品的文化创意水平。

⑤餐饮方面要重点突出当地的文化特色。

⑥旅游经营服务要体现人文特质。

⑦将乡村文化资源的优势发挥到极致，推出一系列具有浓重地方和民族特色的文化旅游产品。

⑧在博物馆、纪念馆、体育场馆等设施当中开展不同形式的文化旅游活动。

⑨全力塑造我国旅游的整体形象，提升文化软实力。

4. 抓好乡土文化挖掘工程

乡土民俗文化不仅是我国传统文化的瑰宝，同时也是休闲农业持续发展的灵魂。若想解决现存的休闲农业区域同构和产品同质等问题，需要从以下几方面着手。

①加强对乡土民俗文化的收集、整理和挖掘力度。

②将传承和创新两种理念相结合，创建全国休闲农业乡土文化艺术园。

③挖掘田园文化、发扬山水文化、追溯和传承建筑文化。

④建立乡土民俗文化区，加快乡土民俗文化的推广、保护和传承，促进乡土文化创意产业的发展。

5. 加强“旅游凝视”

作为当今旅游研究的一种重要理论方法，“旅游凝视”是旅游欲求、动机和行为相互融合并抽象化后的结果。旅游者可以通过摄影行为，将“旅游凝视”变得具体化和有形化。除此之外，各种各样的旅游广告和图片也可以起到类似的效果。正因如此，旅游地才可以在时间和空间上被社会性地重新构建。

也就是说，要想加强旅游凝视理论在乡村旅游中的研究与运用，必须要做到以下几点。

①注重对乡村文化的开发和利用，发掘乡村文化的底蕴，将最具“乡村性”的文化要素展现出来，并通过整合形成另外一种特殊的产品形式，进而形成长久的“凝视”吸引力和消费动力。

②乡村文化的维护保持必须从‘凝视者’的文化需要和‘被凝视者’的文化特征来明确乡村旅游产品的文化构成、传承和保护，真正推进乡村旅游的持续发展。

要想做到在发掘的过程当中对乡村文化进行保护，在利用的过程当中对乡村文化进行传承，就必须要在开发和利用文化资源和景观资源的过程中，用重要的农业文化遗产来丰富休闲农业，也只有这样才能使产业发展的后劲更强，才能达到使当地农民增收的目的。

（二）加强差异化、特色化发展

要想实现乡村旅游业的升级和转型，就必须要加强乡村旅游差异化和特色化的发展。同时，这也是保护和传承乡村文化的主要途径。

国内有不少地方通过走乡村旅游差异化、特色化发展道路取得了不俗的业绩。比如安徽省马鞍山市，通过农旅结合的复合型开发模式来发展当地的乡村旅游业，进而建成了“七线六区”。

“七线”主要包括以下景观：马濮旅游大道竹林景观，环大青山世外桃源景观，围乌路青山路江南水乡景观，新老314省道都市乡村景观，226省道华夏文明景观，206国道现代农村景观和105省道自然休闲景观。

“六区”即主要指以下六个示范区：环大青山文化旅游特色示范区，大公圩水乡旅游示范区，环七成圩自然风光特色示范区，王富现代农业特色示范区，昭关温泉度假特色示范区和环鸡笼山休闲旅游特色示范区。

之后，安徽省马鞍山市又将一些旅游区和农业示范园区培育成了乡村旅游产业集聚区，正是由于这种差异化和特色化的发展，使得马鞍山乡村旅游业的发展格局更加多元化。

### （三）提升品质，打造品牌

提升品质，实施乡村旅游品牌建设是实现乡村旅游转型和升级的一个重要途径。

#### 1. 培育全国乡村文化旅游品牌

可以在全国范围内打造一批极具魅力的乡村文化旅游品牌。比如选择一些品牌知名度高、具有丰富文化内涵、经营管理规范、服务完善、成长性较好并且有效传承农耕文明、田园风貌和民俗文化的乡村文化旅游单位，将其作为重点培育的乡村文化旅游品牌项目。

#### 2. 加强乡村文化精品旅游线路的设计开发和宣传

这一举措所起到的作用主要有以下几点。

①对乡村文化旅游的发展起到很大的推动作用。

②开拓乡村文化旅游客源市场。

③培育乡村休闲消费热点。

④使乡村旅游的知名度得到提升。

为了使来到乡村旅游游客的短途、短时休闲度假和个性化的乡村旅游消费需求得到最大程度的满足，需要将那些主体较为突出，具有鲜明特色的乡村旅游经营点挑选出来，使之形成一批乡村文化旅游精品线路。

除此以外，还可以结合一些名人、名村、名镇和民俗文化，打造一批古村古镇旅游精品。在打造的过程中，有以下几点注意事项。

①确保文化建设与人居环境之间的相互协调。

②将乡村的原始风貌、文化特色及自然生态保存下来，对于一些具有历史、艺术价值的村落和民居进行重点保护。

③所建设的文化城镇和乡村必须要有历史记忆、地域特色和民族特点，并且还要各具特色。

3. 加大营销力度

乡村旅游要想顺利的转型和升级，乡村文化要想得到传承，必不可少的就是营销和宣传。特别是利用微信、微博等新媒体进行宣传，并且，还可以将乡村旅游产品制成微电影和媒体专栏进行宣传，以增加重点村在乡村旅游市场的市场影响力。

（四）保护和发展传统村落

随着整客风在传统村落地掀起，使得有限的资金被用到了无限的美化需求当中去，这样不仅造成了巨大的浪费，同时还严重损害了传统村落的核心价值，破坏了传统村落原本的美。

就目前的情况来看，很多传统村落都在按照城市化和工业化的标准对村落进行"美化"，任何地方都必须要整齐统一，包括屋顶形状、门窗样式、房屋的建筑材料都必须要一致，就连菜地都必须要用栏杆规规矩矩的围起来，房前屋后不允许堆放杂物，家禽牲畜也不允许在村落当中随意走动。

从保护和发展的角度来看，传统村落这个复杂又精妙的系统主要是由以下三部分组成。

①作为根基的传统生产。

②作为成果的传统文化。

③作为载体的传统环境。

正是由于这三部分相辅相成，经过漫长的岁月之后，才能让我们看到和体会到传统村落的美好。对于传统文化的保护和发展，应该从以下三方面进行。

①对于传统村落中有形的物质环境，比如自然山水、传统建筑进行保护。

②对一些比较传统的生产和生活方式进行保护和传承。

③修复和重建文化共同体。

特别需要注意的是，我们不能仅仅是为了提升村落的"颜值"，而采取并不科学的方式，耗费大量的人力和财力，肆意地对村落进行改造。

传统村落对于我国的意义可以说是非常巨大的，它不仅代表着中华血脉的基因库，还是我国民族复兴的重要基地。此外，它还对我国的文化疆域、文化安全起到一定的保卫作用，可以有效夯实我国的文化软实力，以上就是传统村落的核心价值所在。

如果我们不能将各个村落的文化挖掘、记录、解读、保护及提升放在最为优先的位置，不把它们视为最重要的工作，而只是一味地注重村落的外在形象，投入大量的人力、财力和物力只是为了使村落看上去更加漂亮，那么对传统村落造成的破坏也就越大、越广泛、越深刻，更为重要的是，所产生的损害也就越难以挽回。

## 第三节　历史文化村镇的保护

### 一、历史文化村镇概述

#### （一）历史文化村镇基本概念

历史文化村镇是指一些古迹比较集中或能较为完整体现出某一历史时期的传统风貌和民族地方特色的街区、建筑群、小镇、村寨等。应根据它们的历史、科学、艺术价值，核定公布为当地各级“历史文化保护区”，予以保护。

历史文化村镇包含了已经批准公布的省级历史文化名镇和具有历史街区、历史建筑群、建筑遗产、民族文化、民俗风情特色的历史文化保护区的传统古镇（村），其范围主要包括县城以下的历史文化古镇、古村及民族村寨。

#### （二）历史文化村镇类型

1.传统建筑风貌类

完整地保留了某一历史时期积淀下来的建筑群体的古镇，具有整体的传统建筑环境和建筑遗产，在物质形态上使人感受到强烈的历史氛围，并折射出某一时代的政治、文化、经济、军事等诸多方面的历史结构。其格局、街道、建筑都真实地保存着某一时代的风貌或精湛的建造技艺，是这一时代地域建筑传统风格的典型代表。

2.自然环境景观类

自然环境对村镇的布局和建筑特色起到了决定性的作用。由于山水环境对建筑布局和风格的影响而显示出独特个性，并反映出丰富的人文景观和强烈的民风民俗。

3.民族及地方特色类

由于地域差异、历史变迁而显示出地方特色或民族个性，并集中反映的某一地区。

4. 文化及史迹类

以文化教育著称，并在一定时期内对全国或者某一地区的社会发展起到过十分重要的推动作用，或其代表性的民俗文化对社会产生过较大、较久的影响，或以反映历史的某一事件或某个历史阶段的重要个人、组织的住所、建筑为其显著特色。

5. 特殊职能类

在一定历史时期内某种职能占有极突出的地位，为当时某个区域范围内的商贸中心、物流集散中心、交通枢纽、军事防御重地。

（三）历史文化村镇的特征

1. 传统特征

众多的历史文化村镇和传统古镇大多都历经千百年，历史悠久，遗存丰富，有浑厚的文化内涵，充分反映了城镇的发展脉络和风貌，这是一般的历史文化村镇和古镇的共性。

2. 民族特征

我国有五十六个民族，许多少数民族大都聚居在一些小城镇或者村落当中，不管是在生活还是生产方面，都继承了我国少数民族的传统习俗，具有浓重的民族风情。

3. 地域特征

小城镇的分布地域一般都比较广，受地理纬度、海拔高度、自然特征等方面的影响，使得小城镇的产生和发展都存在一定差异，各地的风俗习惯和风貌特征也就各不相同。

4. 景观特征

大多历史文化村镇和古镇的文物古迹都是比较丰富的，并且其内部的自然景观也都十分优美，建筑风格和整体格局也都非常独特。和谐统一的自然和人工景观，很好地将古镇的景观特征突显了出来。

5. 功能特征

一般来说，历史文化村镇所具有的功能作用都是比较明显和突出的，并且曾在一定的功能特征历史时期发挥过重大的作用，产生过广泛的影响，可以说，在文化、政治、军事等各个方面都具有很大的价值。

### （四）历史文化村镇保护原则

1. 整体性原则

对于历史文化村镇的保护不能仅仅局限于对某个历史遗迹和建筑的保护，更应该是对古镇的整体风貌和文化环境的保护。

2. 协调性原则

历史文化村镇的保护不同于文物和历史遗产的保护，必须要充分考虑到当地居民对现代生活和生产的需求，充分协调保护与发展之间的关系。

3. 展示性原则

在对历史环境及历史文化遗迹进行充分尊重和保护的前提下，将保护与开发有机结合起来，只有这样才能使历史古镇整体和历史遗迹的各方面价值得到进一步升华，进而获得更多的经济和社会效益。

### （五）历史文化村镇传统特色要素与构成

1. 自然环境

（1）山脉

主要是指历史文化村镇当中或者其邻近的高山、群山、丘陵、植被及树林等。

（2）水体

主要是指流经历史文化村镇的江河、湖泊、海洋等。

（3）自然环境气候

主要是指历史文化村镇一天当中太阳照射的时间、降雨量、风向及一年四季的气候等。

（4）特征物产

主要是指历史文化村镇盛产的农作物、种植的果树、珍异食物、水产、特产等。

2. 人工环境

（1）历史遗迹

主要是指历史文化村镇中的庙宇、亭、台、楼、阁、祠、堂、塔、门、城墙、古桥等。

（2）文化古迹

主要是指历史文化村镇中的古井、石刻、墓、碑、坊等。

（3）民居街巷

主要是指历史文化村镇中的街、巷、府、院、祠、园、街区、广场等。

（4）城镇格局

主要是指历史文化村镇的结构、尺度、布局等。

3. 人文环境

（1）历史人物

主要是指从该历史文化村镇中走出来的著名历史人物、政治家、文学家、科学家、教育家、宗教人士等。

（2）民间工艺

主要是指历史文化村镇中的陶艺、美术、雕刻、纺织、酿酒、建筑艺术等。

（3）民俗节庆

主要是指历史文化村镇中的一些集会、仪式、活动、展示、婚娶习俗等。

（4）民俗文化

主要是指历史文化村镇的方言、音乐、戏曲、舞台、祭祀、烹饪、茶、酒等。

## 二、历史文化村镇的保护规划

### （一）历史文化村镇保护内容

①整体风貌格局。主要包括整体景观、村镇布局、街区及传统建筑风格。

②历史街区（地段）。集中体现古镇的历史和文化传统，保存较完整的空间形态。

③街道及空间节点。最能体现历史文化传统特征的空间环境、传统古街巷、广场、滨水地带、山村梯道及空间节点中的重要景物，如牌坊、古桥、戏台等。

④文物古迹、建筑遗产、古典园林。各个历史时代古镇遗留下来的至今保存完好的历史遗迹精华。

⑤民居建筑群风貌。为传统古镇的主体，最具有生活气息，体现出民风民俗。

### （二）历史文化村镇保护规划

历史文化村镇的保护规划不同于历史文化名城的保护规划，由于古村镇通常保护范围相对较小，内容相对单纯，编制的形式、深度在参考历史文化名城保护规划办法的前提下可以分为以下三种情况。

①按专项规划深度编制。

②在村镇建设规划中单独编制古村镇保护规划。

③结合旅游规划和园林绿地系统规划，编制专题的古村镇或历史街区保护规划。

以上三种规划编制形式，其保护规划内容基本一致，归纳如下。

①确立村镇保护级别、作用、效果及保护规划框架。

②明确历史文化村镇的保护定位。

③根据现状环境、历史沿革、要素分析，明确划分古村镇的保护范围、细分保护区等级。

④与村镇建设规划相衔接和调整。

⑤提出保护系统的构成，即区、线、点的系统保护，并确定系统的重点。

⑥对保护区内建筑更新的风格、色彩、高度进行控制。

⑦在调查分析、研究的基础上确定古镇保护区建筑的保护与更新的方式，通常为保护、改善、保留、整治、更新等方法。

⑧对城镇整体景观、空间系列、传统民居群、空间节点和标志等方面的规划。

⑨完善交通系统，确定步行区，组织旅游线路。

⑩对古镇环境不协调的地段、河流、建筑、场所进行整治，并进行市政设施配套、绿化系统规划和环境卫生的整治。

# 第八章　旅游产业建设与美丽乡村建设

旅游产业对于乡村的经济发展与现代化建设来说，发挥着重要的作用。在美丽乡村建设的背景下，应该以新的理念指导乡村旅游产业的发展，实现乡村旅游在模式上的创新。这样才能够解决乡村旅游产业中的一些负面问题，更好地实现美丽乡村的建设。尤其是对于美丽乡村的建设来说，保护环境具有重要的意义。因此，在利用乡村旅游建设美学乡村的过程中，必须树立可持续发展的意识，以此指导乡村旅游实践，本章即由此展开研究。

## 第一节　乡村旅游的发展理念与趋势

### 一、规模化经营

对于乡村旅游来说，实现规模化经营，是其发展的重要方向。乡村旅游的项目开发本身就具有综合性的特点，同时乡村旅游的经营采用的是一体化和联合经营的模式性。因此，这就为乡村旅游经营实现规模化提供了一定的基础。要进一步实现乡村旅游的规模化经营，就要从横向出发，进一步加强农户间的联合，优化资源配置，明确权责分工。例如，针对乡村旅游住宿，就可以在一定范围内将农户联合起来，形成旅馆联合体，以股份制的方式进行经营。在内部形成一定规模的集合体后，就可以以整体为单位，进行定价、宣传、住客安排、投诉受理等。同时，联合体内的各家经营者还可以进行相互间的监督。可以说，相对于分散的经营，规模化的经营能够实现资源的有效整合与最佳分配，并且能够占据更大的市场，有效改善商户形象，提高服务水平和档次。既能够开拓更大的市场，同时也避免了商户间的恶性竞争。旅游项目的综合开发，则能够实现不同村落或农户间的资源协调和优势互补，平衡旅游淡旺季，构建起完善的乡村旅游系统，使村落和农户能够通过规模化经营获得更高的经济效益。

考察世界其他发达国家的乡村旅游可以发现，国外的乡村通常拥有较为广阔的土地面积，相应的，其旅游开发也是在广阔的土地面积的基础上，通过充分的开发和利用，形成了特色乡村旅游景观，如特色农庄、农场等。而我国由于自身的实际情况，农村的土地和劳动力等生产要素较为分散。在长期的生产生活过程中，农民的土地经营观念基本定型，以户为单位的经营模式延续到现在，在农民的认识中已经较为稳定。这一问题也对乡村旅游的规模化经营造成了一定的阻碍。因此，对于乡村旅游规模化经营的实现来说，必须要改变农民传统的思维模式，改变土体分散化和以户为单位的个体经营模式。

## 二、产业链本地化

对于乡村旅游这一类型的旅游来说，乡村是其存在的重要基础。但是，在乡村旅游开发的实际过程中，不仅没有做到对乡村性的有效开发，甚至还对乡村性造成了破坏。这是因为，对于农户来说，其较为向往城市的生活，因此，当条件允许后，其就会按照城市的景观形式对自己所在农村的住所进行改造，这就造成了乡村景观的城市化问题。另一方面，城市的乡村旅游开发者，在乡村旅游的开发过程中，通常采用承包、租赁等方式，这也造成了乡村旅游经营的分散化问题。对于乡村旅游来说，要实现可持续发展，就必须要以产业链的本地化为核心。所谓产业链的本地化，即旅游的六大要素都要融入本地产业链中，产品和服务的原材料、人力等，由本地负责，在本地实现产品的生产与消费。这样一来，可以提升农户在乡村旅游中的参与度。而外来开发者，则主要负责对本地产业链提供技术、管理、资金等方面的支持，引导差异化产品的生产，避免同质化竞争的出现。

乡村旅游具有强大的带动作用，在旅游业为中心的产业链上，能够实现对农业、工业、贸易等行业的联动发展，推动农村的产业分工的发展。在旅游业的带动下，农村的产业链能够向旅店业、农产品加工业、建筑业、文化产业等方向延伸。因此，对于农村的现代化发展来说，必须抓住旅游业这一龙头，在旅游业的带动下，吸引信息、资金、技术等生产要素流入乡村，发展关联产业，提高农村产业化水平。

对于乡村旅游产业链本地化的实施来说，就是要以旅游业为中心，建立产业一体化发展模式，在旅游业的带动下，调整农村产业结构，引导农村由第一产业向第二、第三产业转移。例如，利用乡村旅游促进本地农产品的销售，提高本地农产品的附加值。同时，在经营上要实现农户与外来开发者的共生。共生的实现可以采用分工共生或合作共生的方式。但是无论采取何种共生方式，都应该保证农村本地群众有着较高的参与度。产业链本地化的实现还有一个重要的问题，就是要实现效益的本地化，通过农村本地社区群体的高度参与，将旅游开发的利益最大限度地留在社区。《关于旅游业社会影响的马尼拉宣言》的本质就是承诺通过广泛的社区参与，实现旅游业积极效应的最大化。

## 三、绿色低碳化

低碳观念在旅游业中的提出，最早是在2009年。在当年的世界经济论坛中，发布了关于旅游业的“走向低碳的旅行及旅游业”的报告，这一报告中首次提出了低碳旅游的概念。世界经济论坛上低碳旅游的概念的提出，得到了我国的关注和重视。同年12月，国务院发布的《国务院关于加快发展旅游业的意见》也对低碳旅游进行了叙述，强调为应对全球气候变化和日益严重的环境问题，低碳经济受到世人广泛的关注和认同，倡导绿色环保的低碳旅游方式。

所谓的低碳旅游，就是低碳理念在旅游中的应用与发展。低碳旅游的目的就是要在旅游的过程中，减少二氧化碳的排放。将旅游活动、度假方式等消费行为的排碳量控制在合理的水平，使旅游既能益智益体，放松心身，保持优雅的生活方式，又保持在环境资源承载的范围内。在低碳经济时代背景下，为响应低碳经济的发展模式，同时鉴于我国国情和乡村旅游自身发展的需要，低碳旅游也是我国旅游产业发展的必然选择。低碳旅游不仅强调旅行者的低碳观念和行为，在食、住、行、游、购、娱等六个环节中实现低碳旅游行为方式的转变。同时，还要求旅游者保护目的地的自然和文化环境，尊重当地的风俗与文化习惯。

低碳旅游与保护生态文明有着高度的契合，对于人、自然、社会的和谐发展具有积极的作用。通过倡导乡村低碳旅游，我国的乡村旅游将会不断提高可持续发展水平，实现对旅游地资源利用的最优化，同时将旅游对乡村环境的破坏度降到最低。

## 四、高科技化

所谓的高科技化，就是对应用高科技技术的农业生产场所进行旅游观光开发，将其打造为特色的乡村旅游景点。游客在参观游览的过程中，既能够接触到乡村的氛围，又能够感受先进的科技，接受现代科技和农业知识的普及。具体来说，其景观形式包括农业科技公园、现代化高科技农村等，这种高科技化的乡村旅游景观在国外已经得到了一定的发展。

## 五、信息化

随着现代网络信息技术的不断发展，信息技术与旅游业的结合越来越密切。

在信息技术的应用下，旅游服务实现了信息化的服务，企业利用信息技术能够实现与用户的即时沟通与互动，及时了解用户的需求，解决用户的问题。旅游服务的效率不断提高，与用户的关系维护也变得更加便捷。在信息化的发展下，旅游服务的质量不断提升，这也有助于企业培养用户的忠诚度。对于乡村旅游的发展来说，信息化也是其重要的发展方向。

信息技术的应用，使旅游业实现了信息化的发展，传统旅游的生产、分配、消费机制，发生了巨大的改变，旅游网站就是这一变化的代表。旅游网站能够为用户提供目的地形象等全方位的旅游信息，且信息的类型包括文字、图片、视频等多种形式。各类旅游信息的传递也十分简单、便捷，通过各类社交媒体、论坛等即可实现旅游信息的传递。旅游企业不仅能够通过旅游网站将各种旅游信息呈现给用户，并且还能够在网络上完成旅游的预定、支付等服务。

旅游呼叫系统也是信息技术给旅游也带来的变化之一。旅游呼叫系统即旅游企业为用户提供的自助语音导航服务，用户通过这一系统，即可享受信息咨询、业务受理、特色旅游产品推荐、服务评价与投诉等服务。随着信息技术的进一步发展，旅游呼叫系统已由过去的电话热线朝着全媒体平台的方向发展。

除了对旅游服务的改变之外，信息化还使旅游业实现了数字化的管理，例如，在各大旅游景区都建立了电子售票、电子门禁、GPS 调度、遥感环境监测等系统，在景区内还设有数字化管理中心，对整个景区的各项活动进行统一的数字化监控与管理。对于景区来说，要实现数字化的管理，必须建设相关的信息基础设施，尤其是随着移动互联网的不断发展，必须要保证景区对手机无线信号的覆盖。

## 第二节　乡村旅游的产业融合

### 一、乡村旅游产业融合的内涵

产业融合的思想起源于 1963 年美国学者罗森伯格（Rosenberg）对该国 1840 至 1910 年之间机械设备业演化的研究。他在研究中首次提出了技术融合的概念，认为当某些产品功能和性质完全无关的产业采用通用技术后，原先分立的产业将变得紧密。1978 年，美国麻省理工学院媒体实验室创始人尼古路庞特（Negreouponte）通过对数字技术发展进行观察，用三个重叠的圆圈形象地描述了电子计算机、印刷和广播业三者间的技术融合，并指出这三个产业的交叉处将是成长最快、创新最多的领域。这一论断体现出产业融合交叉渗透的核心思想，引起了学术界的广泛关注和讨论，许多学者从各自专业的角度出发，展开了对产业融合问题的研究，取得了丰富的成果。

综观国内外相关文献可以发现，早期的产业融合研究都是从技术角度进行的，从经济学角度研究产业融合相对较晚，产业融合的概念是其中的重点研究领域之一。然而，从价值链的角度来研究产业融合现象的成果尚不多见。产业融合本质上是不同产业之间的价值关联要素突破原有产业边界，进行交互嵌入与组合，最终融为一体，形成涵盖相融产业核心价值活动的新产业的动态发展过程，它一般会经历相融产业原有价值链的解构和融合及新产业价值链的重构两个阶段。

对于旅游业来说，随着市场需求不断朝着复合化、多元化的发展，实现产业融合也是旅游业发展的方向和必然要求。随着旅游业的现代化发展，行业企业也在不断进行着内部的重组与变革。同时，外部的资本市场和信息技术对旅游产业的渗透，也要求其实现产业融合。旅游业通过与其他服务相融合，发展出了诸如教育旅游、医疗旅游的新的旅游形式。由此可知，旅游业的产业融合就是以旅游业为核心，通过与其他产业进行渗透和交叉，最终形成新的产业模式，旅游业的产业融合的范畴十分广泛，技术、产品、制度、市场等方面的融合，都会发展出新的旅游产业。

顾名思义，乡村旅游产业融合就是乡村旅游发展过程中出现的产业融合现象，或者说是发生在乡村地域的旅游产业融合现象。乡村旅游产业融合可分为内部融合与外向融合。乡村旅游产业内部融合是指乡村旅游业内部六大要素（食、住、行、游、购、娱）相互联系、相互渗透而形成的融合。乡村旅游产业结构的优化升级是乡村旅游产业内部融合的重要推动力。而要深度把握乡村旅游产业外向融合的内涵，仍需从全价值链的角度入手。在乡村旅游业与其他关联性产业的融合过程中，首先要对各自产业价值链上的价值关联要素进行分解，识别出各种价值要素在突破原有产业边界时具有的动力效用，而后通过自组织形式的交互嵌入与跨界组合形成基于上述价值关联要素的若干新的价值链模块，最后对这些新的价值链模块进行充分整合，重构涵盖各大产业核心价值活动的全价值链，如图 8-1 所示。乡村旅游产业融合过程完成后，将催生出更多的乡村旅游新产品与新服务，拓展出更大的乡村旅游市场空间，创造出更强的乡村旅游竞争力。

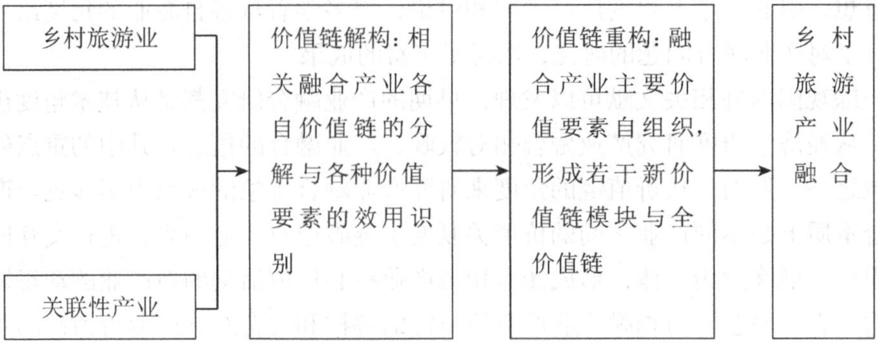


图 8–1 乡村旅游产业外向融合的作用机理

## 二、我国乡村旅游产业融合的发展

2015 年，国务院印发了《关于推进农村一二三产业融合发展的指导意见》，其中就提到了农村产业融合的问题。提出了到 2020 年，农村产业融合发展总体水平明显提升，产业链条完整、功能多样、业态丰富、利益联结紧密、产城融合更加协调的新格局基本形成，农业竞争力明显提高，农民收入持续增加，农村活力显著增强的发展目标。

农村的经济发展也是我国经济社会发展的重要问题，关系着我国全面建成小康社会目标的实现。要解决农村经济发展的问题，就必须加快在农村构建起现代化的产业体系，转变农村经济结构，推动农村产业融合发展。针对这一问题，可以以乡村旅游为抓手，推动农村的产业融合与经济发展模式的转型，丰富农村经济业态，在乡村旅游的带动下，走出一条具有中国特色的农村现代化发展道路。

乡村旅游能够带动农村经济在多方面的产业融合，例如旅游与农业、服务业、文化产业的融合。在产业融合下，不仅能够创造出新的旅游产品，形成乡村旅游特色。也能够通过产业的发展为农户提供各类现代工作岗位，如使农户成为乡村旅游的服务人员等。丰富农村经济收入的来源，提高农民的收入水平。

通过旅游业的产业融合，能够在农村建设新的经济与商业模式。例如，旅游业通过与乡村景观的融合，形成以乡村休闲和体验为特色的旅游产品，使旅游者在旅游的过程中享受到更多的乡村文化与乡村趣味。从而带来旅游产品的升级。旅游产业与农产品加工相融合，吸引游客，在提升乡村知名度的同时，还可以与特色农产品的销售相结合，并通过产业加工，提高农产品的附加值。在文化上也是如此，农村有其独特的风俗和文化，例如一些手工艺品的制作等，对其进行文化开发，创造特色乡村文化产品，也能够为农民带来一条增收的途径。总之，乡村旅游能够通过新的经济与商业模式，推动农村的产业融合，并起到 1+1 ＞ 2 的效果，实现农村产业效益的最大化。

此外，乡村旅游的产业融合，还能够为农村创造大量的就业岗位，不仅能够满足农村人口的就业问题，增加农村群体的收入，还能够实现农村人口的就地城镇化。一方面，农村地区的人口文化程度和素质普遍不高，而乡村旅游作为一个劳动密集型产业，在对就业人员的素质与技能上的要求弹性较大。因此，乡村旅游在农村的开发，能够吸纳大量的农村劳动力。同时，旅游开发也能够吸引本地的外出人才回乡创业，在乡村旅游的发展过程中，逐步提高农村人口素质，实现就地城镇化。

旅游的产业融合还能够构建新的乡村形态。一方面为了满足乡村旅游开发在游客接待等方面的要求，需要完善基础设施的建设，从而促进农村的现代化发展。另一方面，乡村旅游的特殊就在于其古朴的建筑景观和传统的乡村文化，因此，在乡村旅游开发的过程中，必须重视对乡村传统文化的传承和保护，这也为农村的文化建设起到了积极的作用。这样一来，通过乡村旅游的开发，农村既建设完善了现代化的生活基础设施，又保护和传承了农村传统文化，为农村地区的城镇化建设提供了一条新的道路。

## 三、乡村旅游产业融合的发展模式

所谓融合发展模式，是指乡村旅游产业融合的路径选择。乡村旅游产业内部融合主要是对旅游的六大要素进行整合重组，拉长增粗乡村旅游产业链，属于价值延展型融合模式：乡村旅游产业外向融合过程中，乡村旅游业与相融产业的价值关联要素由于对接形式和特点不同，形成了价值延展型、价值依附型和价值连接型三种融合模式。

### （一）价值延展型融合发展模式

价值延展型融合发展模式是一种产业内部的要素延伸，该模式的特点是整合了产业链、地理空间和战略理念三个方面的内容，通过“实质性的链条延伸”和“虚拟的链条扩张”的结合，降低公共服务体系不完善、资源类型有限等乡村旅游发展中诸多不利因素的影响，提升乡村旅游竞争力和协同发展能力。实质性的链条延伸，就是围绕乡村旅游发展中的“食、住、行、游、购、娱”六大要素就地延伸产业链条，如对于旅游要素中的“食”，完善“种植—采摘—加工—餐饮—废物利用—种植”的完整产业链条，增加游客在不同阶段的参与度，实现整个产业链条的延伸及产品和服务的增值，同时也可建立起相应的责任追溯制度。虚拟的产业链条扩张，则是围绕乡村旅游发展六要素异地合作延伸产业链条，如毗邻的乡村旅游点，有的是旧街老巷，古香古色，有的是风情民宿，魅力十足，有的是餐饮服务，独具特色，有的是特色瓜果，远近闻名，可以将它们联合起来构建乡村旅游集聚区，形成完善的乡村旅游接待体系。虚拟的产业链条扩张也可通过与周边非乡村旅游要素合作打造全产业链。不同的乡村旅游地之间，或乡村旅游地与非乡村旅游景区，通过加强合作，共同延伸产业链条，实现协同发展，共享发展成果。

（二）价值依附型融合发展模式

价值依附型融合发展模式是一种单向的功能载附，既包括在乡村旅游业中融入相融产业元素，也包括在相融产业中融入乡村旅游功能，形成“你中有我”或“我中有你”的格局。该模式属于浅表性融合，虽然在很大程度上丰富了乡村旅游业或关联产业的内涵，但并没有改变原有的产业形态而形成新业态。例如乡村旅游业与会展业或体育产业的融合发展，在传统乡村旅游景区策划举办各种节会或竞赛活动，可以视为会展元素和体育元素在乡村旅游发展中的一种功能植入，它能使乡村旅游产品形式更加多样，更具观赏性和参与性。当这些乡村旅游景区贴上“会展”或“体育”的标签时，即被赋予了独特的市场竞争优势。又如乡村工业与乡村旅游业的融合发展是以乡村工业企业作为旅游价值依附载体。越来越多的乡村工业企业开放其产品生产线供游客参观游览，满足人们求知、求新、求奇等旅游需求，这种做法一方面作为营销创新手段能够给企业带来增值，另一方面作为公众教育手段能够体现企业的社会责任。在这种情况下，旅游功能的融入成为一种自然而然、水到渠成的事情。

（三）价值连接型融合发展模式

价值连接型融合发展模式是一种双向的要素渗透，在乡村旅游业与相融产业的边界重合地带，形成以专门旅游吸引物为依托、以专项旅游市场为对象、核心价值活动显著的产业融合新业态。例如，乡村旅游业与文化创意产业的融合发展，形成了对特殊人群具有定向吸引力的乡村文创旅游吸引物。乡村文创旅游吸引物是指那些文化创意主题突出，能够激发旅游者的旅游动机，促动其实现旅游活动，并由此产生综合效益的事物。乡村旅游创客基地是最为典型的乡村文创旅游吸引物。2015 年 8 月，国家旅游局（现为中华人民共和国文化和旅游部）公布了首批 20 家乡村旅游创客示范基地，它们以“文化”为体，“旅游”为用，是最受市场欢迎的乡村旅游目的地。乡村民宿被誉为乡村经济的下一个“风口”，也是一种特殊的乡村文创旅游吸引物，它能带给人们一种特有的情怀性体验，在乡村旅游发展过程中常常超出其作为非标准化乡村旅游住宿产品的定位。依托这些吸引物发展起来的乡村文创旅游产业具有乡村旅游业与文化创意产业的双重特性，其产品特色鲜明、市场定位清晰，也符合当前美丽乡村建设的价值诉求。

（四）价值集成型融合发展模式

价值集成型融合发展模式是一种多向的产业交叉，它是乡村旅游业与多种相融产业基于资源、产品、市场、技术、信息等平台的专业化分工协作系统。这种多元价值关联要素的复杂性融合能够有效叠加各个相融产业的多重功能，有利于优势互补和促进创新。乡村旅游业的开放性为其与一、二、三产业的多元融合提供了无限可能。例如，多地乡村推出的农业生态地景艺术节，就是乡村旅游业、节庆产业与农业有机融合的产物，乡村园林博览园则是乡村旅游业谋求与园林业、展览业融合发展的产物。这些创新旅游产品通过丰富多彩的活动组织，吸引大量游客慕名前往，培育出广阔的市场空间。文化创意产业、演艺业的共同介入则使得乡村旅游产品创新达到了一个新的高度，如翼天集团携手山水盛典文化有限公司在江西婺源打造的首部中国田园风光实景演出作品《梦里老家》，以弥漫田野的油菜花海和掩映其间的马头墙群为背景，全方位展示了婺源四时不同的乡村景致和源远流长的人文脉络，为游客带来了叹为观止的艺术之旅，填补了婺源夜间休闲旅游的空白，实现了良好的综合效益。

## 四、乡村旅游产业融合的发展对策

乡村旅游产业融合是政策、功能、资源、产品、市场、品牌、文化、情感、资金、信息等多重价值要素共同动力作用的结果，体现出融合的必要性、迫切性和可能性。要将乡村旅游产业融合引向深入并实现可持续发展，还需围绕这些价值关联要素，坚持多管齐下的发展对策。

（一）推进政策落实，放松政府规制

近年来，我国多次针对旅游产业的发展制订了利好政策，这对于乡村旅游的产业发展来说，无疑提供了巨大的政府支持和良好的机遇。但是，要真正使国家制订的利好政策真正发挥效果，关键在于政策的引导、监督和落实。在这一点上，地方政府必须依据地方实际情况，结合国家层面的政策，制订政策落实和实施的细则，使政策真正惠及市场主体，真正符合地方实际和发展需要，充分调动乡村旅游开发中的相关利益主体，使他们积极参与到乡村旅游开发中来。

但同时传统的政府管制框架，也对乡村旅游的产业融合发展造成了一定的阻碍。我国的地方政府往往通过行政垄断引导行业的发展，也就造成了资金、人才、技术等生产要素在产业中的自由流动受到了限制，这显然不利于乡村旅游的产业融合发展。因此，在落实政策的同时，政府还应该不断放开对旅游产业及其他产业的规制，打破传统管制框架对旅游等产业发展的限制，只有这样才能够保证乡村旅游产业融合的顺利实现。

### （二）提高融合意识，加强功能拓展

乡村旅游产业的融合发展，还要求相关从业人员提高融合意识。首先是要在思维上进行创新，转变传统的条块式发展管理，树立产业协同发展、融合发展的理念。对产业融合现象进行深入的分析，总结产业融合经验，加强对产业融合的理论与学术研究，为旅游产业的融合发展构建合适的理论体系。其次要开阔视野，可以从功能扩展的角度，探索乡村旅游与其他产业融合的可能性。功能扩展上的探索可以从横、纵两个方面开展。横向上的功能扩展即在各融合产业的基础功能上，扩展出新的功能。其主要适用于价值集成的融合发展模式，可以通过纳入更多的关联产业，形成更多的复合型新业态；纵向扩展即对相关融合产业原本的功能进行深化和完善。其主要适用于价值联接型融合发展模式，通过打造乡村旅游产业集群，实现对乡村旅游功能的扩展。

### （三）盘活资源存量，强化金融支持

我国的乡村旅游具有资源丰富、类型多样、分布广泛的特点。因此，对于我国乡村旅游的发展来说，关键在于能够将这些资源充分盘活，这也关系着乡村旅游的产业融合能否实现价值的最大化。要盘活乡村旅游的存量资源，就需要相应的资金支持。因此，在盘活乡村旅游资源的问题上，还必须探索出新的流转模式，使乡村旅游得到充足的资金支持，实现对乡村旅游资源的有效利用。在金融支持上，北京首先在 2013 年 9 月，启动了全国首家旅游资源交易平台，为地方政府和旅游企业提供项目招商、企业融资、股权交易等服务。此后，我国的其他地区也成立了类似的平台。旅游资源交易平台的建立，是旅游产业在金融支持上的有益尝试，通过平台的服务，旅游资源交易中心的市场参与度低、信息披露不完整、资源议价能力不足等问题都能够得到有效的解决。尤其对于那些“养在深闺”的优良乡村旅游资源而言，旅游资源交易平台为其打开了一扇拥抱资本市场的大门，也为其架设了一座对接其他产业资源的桥梁。加大资源开发力度，拓宽资金来源渠道，是乡村旅游产业融合发展的重要保障。旅游资源交易平台的建立，也表明我国的旅游产业资源真正实现了市场化的配置。

### （四）培育核心企业，促进产品开发

对于乡村旅游的产业融合和发展来说，最根本的还是要促进作为市场主体的相关企业的积极参与。因此，为了实现乡村旅游产业融合发展，还必须要培养跨产业经营的核心企业。而核心企业的市场竞争力，也直接影响着乡村旅游产业的核心竞争力。跨产业经营的企业能够实现对乡村旅游的一站式开发，充分调动和整合各行业资源，满足用户在休闲度假、文化娱乐、特色产品消费等方面的需求。对于跨产业经营的核心企业的培养，既可以选择培养本土企业，也可以由外部引进。

### （五）提升品牌价值，开拓市场空间

品牌在乡村旅游的产业融合发展中也有着重要的作用。品牌是对企业和产品市场竞争力的综合反映。不断提升品牌价值，也是乡村旅游发展中的重要内容。其不仅对乡村旅游的产品开发具有重要意义，也对乡村旅游的产业融合发展具有重要的意义。对于乡村旅游的品牌建设与价值提升来说，必须要重视文化和情感的融入，对于企业来说，一方面在旅游开发的过程中，要坚持“以人文本”的原则，另一方面，在获取自身经济利益的同时，也要承担起带领农民致富的社会责任。各种公益性的行为活动，对于塑造企业形象的塑造和品牌的宣传，能够起到良好的作用。同时也能够通过宣传，将企业品牌固化于大众消费的观念之中。

对于乡村旅游的品牌塑造来说，主要可以从以下几个方面进行。

一是通过广告等形式，对企业进行宣传，使公众获得对企业的认知。

二是为其企业品牌创造一定的概念或理念，并通过宣传对其进行倡导，形成关于产品的独特销售主张（unique selling proposition，USP），使其区别于其他竞争者，同时扩大品牌的影响。

三是对品牌诉求的利益点和价值链进行分析，对顾客的价值信号进行分析，明确顾客的需求与价值认同，以便企业为顾客创造独特的价值，增加顾客对品牌的满意度和忠诚度。

这样一来，企业就能够通过品牌的建设，在市场上形成强大的吸引力，带来市场空间的扩展和市场份额的增加。在建设品牌、开拓市场的同时，多元化的营销也是企业不可或缺的手段，因此，对于乡村旅游的融合发展来说，还必须在营销上进行创新，实现联动的一体化影响，在方式、渠道等方面进行积极的扩展，从而提高乡村旅游的营销效果。

（六）建立合作机制，实现信息互通

如果旅游业和相关融合产业只是各自为政，那就是没有实现真正的产业融合。只有使产业间真正融为一体，才是真正意义上实现了产业融合。对于乡村旅游的产业融合发展来说，要使各产业间真正融为一体，就必须建立起有效的协调机构，负责在总体上对乡村旅游的产业融合进行组织和指导，促进相关产业间的信息共享，提高产业间的沟通效率，形成协调各主体利益的治理机制。目前，我国县区一级的旅游行政管理部门部分采取与文化、体育、出版传媒或外事侨办合署办公的形式，这种一署多能的行政管理机构在一定程度上有利于乡村旅游业与相融产业的相互促进和融合发展。但是，若到了更高的政府层级上，旅游及其他产业则都有相对应的职能部门进行独立的管理，这就会在一定程度上造成产业间的信息沟通不畅，不能及时对各方利益进行协调，从而影响了乡村旅游产业融合的发展。因此，针对这一问题，可以从组织创新的角度解决。可以在乡村旅游较为发达的地区，当地分管领导挂帅旅游、文化、体育等多部门共同组成的乡村旅游发展委员会，负责乡村旅游产业融合的组织、协调、沟通、监管等，形成乡村旅游产业融合的统一管理机构。

## 第三节　乡村旅游与美丽乡村建设的可持续发展

### 一、旅游产业中的可持续发展理念

（一）旅游产业中可持续发展理念产生的背景

现代旅游活动产生于第二次世界大战后，并且随着战后世界经济的恢复与发展，旅游业的发展日益繁荣。到了20世纪90年代，经过几十年的发展，旅游业已成为世界上最大的产业之一。相较于其他产业来说，人们认为旅游业与环境的和谐与可持续发展有着密切的关联。

对于发展中国家来说，对于旅游产业的关注则多出于经济角度，更加关注旅游活动的经济作用，以及旅游活动的商品化发展。例如，我国就将旅游产业作为推动经济发展的重要手段，并提出了“旅游搭台，经济唱戏”之类的观点。旅游产业不仅能够起到拉动内需，促进消费的作用，更能够创造大量的外汇收入。并且能够起到增加税收、促进就业等作用。因此，可以说，旅游业在国家的经济发展中，具有重要的地位和作用。

但是，过分看重经济发展，也会对旅游目的地带来一定的消极影响。例如，会对旅游目的地自然环境和社会人文环境造成破坏等。对于旅游活动来说，自然环境是其重要的基础，一旦环境遭到破坏，就会使旅游目的地失去对游客的吸引力，旅游活动也难以为继。因此，一些专家也指出了过分重视经济发展的模式会对旅游活动造成破坏，应使可持续发展的思想在旅游领域中发展起来。可以说，对于旅游业来说，可持续发展是其发展的最佳选择也是必然选择。

作为一种新的发展目标和理念，目前关于旅游可持续发展的概念还没有得到统一。但是其已经得到了世界各国政府和相关机构、组织及广大公众的重视。旅游可持续发展涉及环境和经济等多个方面，包括旅游规划、旅游管理、旅游消除贫困等问题，在突出保护性的同时，还要求旅游活动实现现实与未来性的有机结合。旅游可持续发展真正做到了站在人类发展的高度，在保护自然与人文环境的基础上，对旅游的经济活动进行规范，实现旅游的环境保护与经济的和谐。

1993 年，世界上第一部专门以旅游可持续为研究对象的学术刊物《可持续旅游》（*Journal Sustainable Tourism*）在英国问世，这也标志着旅游可持续在学术界达成了共识。此后，对于旅游可持续的研究也在不断发展和深入。发展到现在，旅游可持续发展已经超越了旅游业的可持续发展，在作为人类生活重要组成部分的角度研究旅游的可持续发展，公平问题也成为旅游可持续发展关注和研究的重要问题。在旅游可持续发展中，公平包括空间公平、代际公平、经济公平、文化公平等内容，也就是将旅游公平作为社会发展公平中的一部分进行研究。以空间公平为例，旅游可持续发展要求提高较为落后的旅游目的地在当地经济发展中的地位，在旅游发展中充分满足旅游目的地发展经济和文化的需求与权利。

### （二）旅游产业中可持续发展理念的实现

对于旅游的可持续发展来说，1995 年在西班牙召开的“可持续旅游发展世界会议”是一件标志性事件。这次会议一方面对旅游业对于社会经济、政治、文化等方面发展的积极作用给予了肯定。另一方面，也对旅游产业发展过程中所带来的破坏进行了强调。要求以对旅游进行综合讨论，提出了改善环境质量、尊重文化多样性等方面的倡议。本次会议还取得了《可持续旅游发展宪章》《可持续旅游发展行动计划》等一系列成果。其中，《可持续旅游发展宪章》对可持续旅游在原则、目标、实施等方面提供了系统的规范，并为旅游可持续发展的实现制订了具体的操作程序，这也标志着旅游可持续发展理论的研究迈入了实践阶段。

1996年，为促进旅游可持续发展在新世纪的实现，世界旅游组织、世界旅游理事会和地球理事会联合制订了《关于旅游业的21世纪议程》，议程对旅游可持续发展在定义、目标、内涵等方面进行了详细的阐述，使其成为指导世界各国实现旅游可持续发展的重要行动纲领。

随着旅游可持续发展的不断深入，应该明确的是人的可持续发展才是旅游可持续发展的最终目标。同时，我们还必须认识到，可持续旅游发展绝不意味着某种旅游资源、某个旅游项目或某种旅游形式具有永远的生命力。这里的可持续并不意味着永久，而更意味着“长久”。

## 二、美丽乡村建设下乡村旅游的可持续发展

随着城市化建设的不断发展，人们对于旅游的需求也越来越多元化，这就要求在旅游的开发上不断创新，不断丰富旅游产品类型。乡村旅游作为一种既古老又新潮的旅游活动，越来越受到现代旅游者的追捧，并逐渐走向了旅游活动的前台。从乡村旅游发展的历史上来说，早期的乡村旅游活动具有一定的贵族化特点，这也限制了乡村旅游活动的普及。现代意义上的乡村旅游活动则产生于20世纪60年，其首先出现在西班牙，之后逐渐在欧美国家流行起来，并且在发展中不断规范化。在我国，乡村旅游可以说是一种较为新型的旅游方式，其随着我国城市化的发展及人口结构的变化不断发展。乡村旅游在我国发展的实践并不长，因此，目仍处于初级阶段，在乡村旅游的开发上，还存在过分重视短期经济利益的问题，这也使得乡村旅游的所在地在进行旅游开发的同时，产生了诸如过度商业化、本地居民边缘化、自然和人文环境的破坏、产品的同质化等一系列问题，影响着乡村旅游的长远利益。因此，对于我国的乡村旅游发展来说，还必须充分借鉴国际先进经验，始终坚持可持续发展的原则和理念，指导我国的乡村旅游发展少走弯路，妥善解决乡村旅游开发中的各种问题，实现乡村旅游的可持续发展。

### （一）乡村旅游可持续发展的条件

#### 1.乡村性是乡村旅游可持续发展的前提条件

对于乡村旅游来说，党和国家对社会主义新农村建设的重视和大力支持为乡村旅游的发展提供了基础。从供给的角度来说，我国农民对于现代化的追求，为乡村旅游供给了强大的动力。根据相关数据统计，2018年，我国城乡居民收入差距的倍差为2.68，虽然城乡居民的收入差距正在日益缩小，但是，从实际上来说，我国城乡之间存在的差距还会更大，尤其在基础设施、医疗、教育、

社会保障等方面。城乡差距的存在，也使得广大的农民群众对城市生活更加向往，产生了强烈的现代化诉求。乡村旅游从本质上来说，就是旅游业与农业的融合，因此在乡村旅游的开发下，广大村民“亦农亦游”，在本乡本土就可以将生活性和生产性的资产转化为经营性资产。乡村旅游一来投资少、风险小，二来经营时间灵活，不耽误农时，对于广大农民来说极为适合。因此，乡村旅游也是实现广大群众脱贫致富，实现他们现代化追求的一个理想手段。

另外，乡村的自然和文化景观等也为乡村旅游的开发提供了丰富的资源。利用乡村的特色资源，能够打造丰富的旅游活动和产品，为游客带来更好的旅游体验。对于游客来说，其选择乡村旅游主要是出于怀旧、回归自然等需要。因此，为了满足游客的需求，乡村旅游供给商必须以乡村为核心要素。对于乡村旅游来说，乡村性是其标志性特征，但是，乡村中的资源并不都具有乡村性的特点。例如，在有些经济较为发达的乡村中，由于其具有较高的经济发展水平，在乡村建设上也在朝着城市化的方向发展，传统的民居也就变为城市化的楼房，从而失去了乡村性的特点。对于游客来说，那些具有典型乡村性的景观，是吸引其选择乡村旅游的重要原因。这也说明，乡村旅游的景观构成具有明显的指向性，而不能仅凭空间范围就对乡村景观进行界定。乡村旅游在开发上，必须以具有典型乡村性特征的景观为核心。

从景观内容上来说，具有典型乡村性的旅游资源包括乡村的自然生态景观、农业活动景观、乡村聚落景观、乡村民俗文化景观、乡村民居景观等。通过对乡村旅游资源进行分析，也能够在一定程度上了解城市居民选择乡村旅游的原因，即在城市工业化建设对自然景观的破坏下，城市居民对于回归自然十分渴望。正是人们内心深处的乡土情结，支撑着乡村旅游的存在和发展。

乡村旅游可持续发展的前提条件是保持乡村旅游的乡村性，但是，在乡村旅游发展的过程中，乡村性却遭到极大的破坏，比如，乡村民俗的商业化问题、乡村景观的城市化问题、乡村旅游产品低层次化问题、乡民在旅游发展中的边缘化问题等。乡村旅游乡村性的丧失意味着乡村的独特生态环境和民俗文化将不复存在，这往往导致其吸引力衰竭，使乡村旅游的可持续发展成为空谈。因此，乡村性是保证乡村旅游可持续发展的前提条件。

2. 乡村旅游开发应遵循科学的文化观与经济观

近年许多西方发达国家的游客前来我国旅游的动机，虽名目繁多，但仍可以发现其中的一个重要热点，即仰慕中国悠久的游牧、农耕文明史及围绕此而产生的不胜枚举的名胜古迹。他们认为最能拿得出手、富有吸引力的旅游产品是诗意绵绵、古朴淳厚的田园之美，这能满足其返璞归真的愿望。1979年，UGB（城市扩张界限）法案在俄勒冈的波特兰通过，以保护当地的农场和森林免于城市扩张的蚕食。这个法案是1973年颁布的一系列法案的一部分，其重点是保护农业和经济活力。当然，官方更多地关注市区的扩张所带来的经济效益和环境保护成本而非自然风光和自然特性的改变。但是，乡村景色被看成是一份公共财富，尤其受到市民的喜欢。同时，出现了这样一种共识，乡村的存在事实上起到了一种保护和平衡环境的作用。一份密歇根州的关于“喜欢看到的东西”的问卷调查表明，人们喜欢看到的是农田，森林，木屋，大家庭的生活，并几乎都忽视了家用设备。同时，在乡村旅游的发展中，除了经济方面的收益，我们更应该强调乡民从中获得的文化效益。多年来，由于观念信息和教育文化的障碍，广大农民过着自给自足的小农经济生活，习惯了日出而作，日落而息的生活，他们年年岁岁围绕着家里的几亩土地转，思维被田埂地埂牢牢地束缚住，已经形成定势。关于发展问题他们想得少，甚至不敢想，跳出农村看发展的人更少。由于信息落后，外界的消息他们几乎一无所知，他们不愿走出山村，不敢参与到外界轰轰烈烈的经济社会发展建设中。因此，只有实现了乡村文化的自主和和谐发展。才能实现经济的自主和健康发展，才能实现乡村旅游的可持续发展。

### （二）实现乡村旅游可持续发展的手段

#### 1.提高乡民的文化素养和审美鉴别能力

由于相对于城市来说，乡村文化处于弱势地位，因此，在乡村旅游的发展过程中，外来的开发者和旅游者不可避免地会将其自身所处的强势文化带入农村，并对乡村本土文化造成强烈的冲击。在强势文化对弱势文化的冲击下，还会造成乡村旅游开发中主客双方在地位上的不对等，进而带来“飞地”现象等问题。从根源来说，乡村文化处于落后境况的根本原因就在于乡村教育的落后。因此，要解决旅游开发中强势文化的冲击问题，关键就在于大力发展农村教育，提高旅游地农民的文化与审美素养。随着接受教育，村民的文化与审美素养得到提高，其在旅游开发中的主人翁意识也会得到增强，并能发展出保护和传承农村本土文化的自觉意识，具备相应的能力。这样一来，旅游目的地的本土村民就能够有效抵御强势文化对本土文化带来的冲击和破坏，实现乡村旅游的人本化。同时，这也是乡村旅游可持续发展的重要保障。

2. 构建农业循环经济产业链

对于农村来说，发展乡村旅游最重要的目的就是要通过旅游开发实现农村脱贫。由于旅游产业在推动地方经济发展、促进产业融合等方面具有显著作用，因此，乡村旅游也被认为是解决乡村经济、社会、文化发展问题的重要手段。但是在关注效果的同时，人们也容易忽略乡村旅游开发中存在的一些问题。从根本上上来说，乡村的支柱经济产业是乡村旅游发展的重要基础和支撑。所谓的乡村支柱经济产业指的就是农村的各类农业及农产品加工业。因此，要想保证农村经济在快速发展的同时还保持健康，就必须重视对农村支柱经济产业的发展。构建起农村经济支柱产业的循环产业链，利用各产业间的关联，发展循环经济和绿色经济，对传统产业技术进行改造，降低技术的能耗与污染。这样不仅能促进农村经济的健康发展，为乡村旅游开发提供坚实的支撑，同时发展循环经济和绿色经济也是对农村生态环境的保护，能真正实现建设美丽乡村。

3. 构建理想的旅游环境

对于乡村旅游的发展来说，一个长远的目标，就是将乡村开发建设为现代化的田园乡村。在田园化的乡村中，不论是旅游还是居住，其环境都是和谐的、适宜的。因此，田园乡村的建设使乡村旅游的对象不再仅仅是城市居民，乡村居民也被包括在内。在旅游开发下，乡村居民不仅获得了更高的经济收入，还能够通过旅游活动获得精神上的满足。

要通过乡村旅游开发建设田园乡村，首先要做到的就是科学规划。即针对乡村的资源和发展情况，结合市场需求进行针对性的、分层次的开发，尤其是要对乡村的核心资源进行重点开发。其次就是要加强教育，既要加强对本地乡村居民的教育，培养其发展循环经济、绿色经济的意识和能力。同时也要加强对旅游者的教育，规范旅游者的文明行为，培养其尊重文化多样性的观念。只有如此，才能够在乡村旅游开发中真正实现可持续发展，实现建设田园乡村的目标。

## 三、可持续发展与生态旅游

### （一）生态旅游的含义

如果说10年前人们还不怎么了解“生态旅游”的话，在现在物质丰富的时代，随着崇尚绿色、生态、健康的人群不断壮大，生态旅游也开始渐渐地被多数人所了解与接受。不过，大多数人还是不清楚什么是真正的“生态旅游”。在国际上关于生态旅游的概念有200多种，其中不同的解释与理解方式相差的不止是十万八千里。正是因为这种概念上的混淆，社会上到处都是假冒伪劣的“生态旅游”。在这种复杂的情况下，我们要拨开云雾见太阳，发现生态旅游的真正内涵。

要界定生态旅游的真正内涵，就得了解什么叫作“生态”，什么是“旅游”。生态旅游这个新生事物的产生肯定是有原因的，只有从这些旅游的市场、动机、目的上分析，才能保证这个“生态旅游”的概念能变成现实。

生态旅游，就要把“生态”与“旅游”放在一起看。生态是人与环境共同组成的，旅游是一种富含文化、经济特色的活动，与人有关，也与地有关。这两者加在一起，很明显就是描述一种“旅游者和旅游目的地环境相关”的状态。

旅游者跟旅游环境的关系要从近些年的“生态觉醒”上说起。工业社会带来的不仅仅是经济的发展与壮大，同时也造成了环境破坏的加重。人们开始渐渐发现。城市中的交通拥挤、污染源增多影响着人类的生活。尤其是一些大城市污染问题更为严重，于是人们希望回归到健康的大自然中，远离城市污染的心态越来越强。于是，越来越多的人为了享受自然环境而选择去旅游。

抱着这种心态的旅游者，通常会就近选择，因此生态旅游想要开展起来，主要面对的游客一般来自周边城市还有较为集中的居民区。如果把城市看成是中心的话，用 30 ～ 50 千米做半径，这就是第一生态旅游圈。这些地区已经离开了城市，但是又离城市较近，开展一日游、采摘等非常方便。第二生态旅游圈则是把半径扩大到了 50 ～ 100 千米，这里一般环境都保持得很好，城里开车 1 小时大概就能到，也是很理想的状态。如果是第三生态旅游圈，一般辐射半径是 100 ～ 160 千米，作为休闲度假的地方依然是很理想的。

这些地域都有着一个共同的特点，那就是自然环境相当优越。有着优良自然环境的生态旅游区才是众多城市居民心驰神往的根本原因，因此生态旅游应该保证的就是空气清新、水资源清洁无污染、没有噪声浓烟，最好还有配套的种植与畜牧业，让旅游者充分享受到自然的乐趣。

生态旅游，其实就是城市和周边的集中居民区内的居民想要逃离城市污染的困扰，追求健康长寿的自然生存环境，因此选择去郊外进行疗养度假等一系列的旅游活动，从而达到在自然中获得享受，以及保护自然的目的。这才是生态旅游最根本的意义。

现在国内外对这方面的研究，主要还是停留在一种理念的层面上，但是我国的社会需求却并非如此。研究生态旅游，就要研究环境资源应当如何合理健康地开发，从旅游的市场作为出发点研究，才能真正地开展起生态旅游。

### （二）生态旅游的产生背景

随着工业的产生和迅速发展，人们热衷于去工业化、城市化发达的地方居住，使得城市人口不断增多。根据一些统计，现在世界上40%居的人口住在城市中，一些发达国家居住在城市的人口比例高达80%，甚至更多。这就导致工业、交通业发达，以及人口过于密集的城市中，越来越多地出现环境污染的问题，让人们的生活变得不再像以前那样健康。

常见的问题有空气不洁、水体污染、食物有害、噪声、垃圾等。空气的不洁不仅仅是因为现在的人口过多，导致二氧化碳含量增大，更多的是因为生活生产中排放的废气。像工厂排放物的一些化学反应、交通工具排放的尾气、煤炭的燃烧等，都给城市空气带来了严重的负担。它们不仅增大了耗氧量，还产生了各种污染物，从不同的方面对空气造成了污染。

水体污染主要是因为工业发展过快，工厂中需要排泄的污水处理不当，再加上过多的人口产生了较多的生活污水，当全部被排进了自然水域中时，就会超出水体的净化力，最终导致水体污染。

同时现在的食物健康也很难保证。我们在电视、报纸上经常看到关于某黑心商家在食品中加入非法添加剂等之类的报道，实际上这种情况屡见不鲜。由于环境的污染，从一定程度上影响了当地的动植物，因此我们的食物中往往会含有有害的物质，同时因为增产等目的而使用的大量化肥农药在食物中也有一定的残留，这可是会危害我们健康的杀手。

而且城市中还有常见的噪声污染，会影响人的正常休息。还有大量的生活垃圾带来的问题。现在处理垃圾的手段还不够先进，数量众多的生活垃圾大多会直接堆在郊外，不仅会散发出难闻的臭味，而且还会影响地下水及环境的健康，如果将其焚烧，大量的浓烟还会加重空气的负担，这会带来另一个大问题。

这些由于人类活动而引起的环境污染和破坏，对公众的安全、健康、生命、财产和生活舒适性等造成的危害称为环境公害。因环境污染和破坏造成在短期内人群大量发病和死亡的事件称为环境公害事件。这些都是现代社会发展所带来的负面影响，总体上都是环境的污染，对我们的生活环境带来了不可忽视的恶劣影响。因此在这种情况下，人们的环保意识开始觉醒。

当人们因为渐渐难以忽视的环境问题开始投入自己的关注时，会发现自己其实一直生活在一个大的污染地，生活中随时随地都是看不见的毒害，威胁着人类的发展。因此，有了环保意识的人们开始格外地关注环境问题，并且因此衍生出了很多的绿色行动。

生态旅游就是其中的一个创举。当城市的环境已经让人感觉威胁到自己的健康时，人们总是想要找个机会逃离它。真正的逃离自然没什么人可以办到，但是短期离开这个让人们觉得有问题的生活环境，去到一个无污染的自然中，享受天然而健康的衣食住行，人们还是非常向往并且能够做到的。这种倾向绿色的消费方式催生出了生态旅游这个新命题。

### （三）生态旅游与其他旅游形式之间的区别和联系

生态旅游这个新的旅游形式与其他的旅游有什么区别和联系可以从它与传统大众旅游、自然旅游、可持续旅游这三种的比较中来看进行分析。

传统的大众旅游是现在最为普遍的旅游方式，特点就是人数多。一般走的都是我们熟悉的线路，在途中能够购买到非常标准的产品，而经营者吸引人的地方就是薄利多销、物美价廉。但是大众旅游往往千篇一律，缺乏一定的个性及灵活性。主要是因为大众旅游出现的时间早，因此管理的方式比较落后。生态旅游跟它相比，本身吸引人们的地方就不一样，打的更多的是环境牌。而且由于生态旅游出现的时间晚，在管理经营上面观念更新。但是生态旅游和大众旅游是不能互相替代的，严格的生态旅游不能做成大规模的形式，因此经济收益比较少。同时也不能接收大众旅游数量众多的游客，但是却能起到独一无二的环保作用。

生态旅游与环境旅游之间的关系从某种方面看，二者都与大自然、健康的环境脱离不了关系，但是细究起来差别却很大。自然旅游主要是利用自然资源吸引游客，让游客以享受、经历自然为目的进行旅游。这种旅游开展起来非常容易，只要能够明确游客出行的目的，然后规划旅游本身就好，至于对经济、环境及文化等方面可能产生的影响则不用注意。但是生态旅游不同，需要在这些方面进行全面考虑。需要对游客的环保意识有一定的要求，并且还需要保证当地文化保持完整，能带来一定的经济效益。这样对比之下，自然旅游有时往往会对自然进行无节制地过分利用，与维护生态、保证可持续发展是背道而驰的，而生态旅游则是一种在自然基础上进行的旅游，旅游的同时也保证了对当地环境的保护，因此与自然的要求不谋而合，能够保证可持续发展。另外，开展生态旅游不一定非要将眼光放在自然上，当地有特色的社会文化资源同样能够进行发展，这也是非常重要的一个项目。

还有一种，就是可持续旅游。可持续旅游这一含义是从可持续发展中脱胎而来的。它不仅仅是代表着一种旅游方式，更多的是一种由可持续发展这个理念而来的旅游指导原则。这就意味着，它代表着将来的旅游发展走向。从这个方面看，我们似乎很难说清楚到底什么是可持续旅游，而生态旅游虽然是以保护环境为目标，以可持续发展作为原则，但是很明显并不像可持续旅游那样有更广泛的范围。因此我们可以把生态旅游当成是可持续发展的重要内容，但是很显然，并不是全部。

从这些对比中可以发现，生态旅游与过去的任何一种旅游方式都不同，更像是一种有导向性的新兴旅游方式，因此前景大好。

### （四）生态旅游的类型

生态旅游虽然是基于一个健康自然的环境开展起来的旅游方式，但是却可以细分很多种类，以下就是比较著名的几种生态旅游类型。

山区生态旅游。这种旅游区最著名的就是五岳，五岳均为国内有特色的名山，在很大程度上维护了原始景观，自然环境非常优美，因此也有“五岳独秀”的美誉。类似的生态景区也有不少，因此依据自然环境优越的山地所开展的旅游都属于山岳生态景区。

湖泊生态旅游。在我国较为著名的湖泊生态景区有长白山天池、青海湖等，因为景区内的湖泊景观非常美丽独特，吸引了游人前来，进而发展出了一系列有当地特色的旅游项目。在这类旅游区，保护湖泊环境是非常重要的，对游人也会有一定的要求，属于依傍湖泊开展的生态旅游。

森林生态旅游。以东北的长白山、云南的西双版纳为例子，我们会发现我国的森林地带也有独具特色的生态旅游。森林内的植物不管是从种类上还是从数量上看，都非常丰富，森林中还保留着非常珍惜的动物群体，这些生物组成的森林生态区属于无价之宝。在这类地区开展的生态旅游，能够让人们近距离接触“天然氧吧”，能够与自然亲密接触，深受人们喜爱。

草原生态旅游。在我国的内蒙古地区有着大面积的草原，这里的牧民们还保留着非常古朴的生活习惯，这里的环境污染程度也很低。因此在草原地带开展旅游，不仅能给人自然的享受，观看到草原一望无际的美景，还能传播草原文化、促进当地特产消费等，属于综合性的生态旅游项目。

海洋生态旅游。以我国海南为例，海边也有着独特的优势开展生态旅游。不管是一望无际的海洋还是天然海滩，都给人以一种独特的享受。而海边的渔民生活也非常吸引想要短期度假或郊游的人们，加上新鲜的海鲜，在生态旅游中，海边的地域有着不可取代的优势。

另外还有其他的生态旅游类型，如在候鸟保护区开展的观鸟生态旅游，为了探险开展的漂流生态旅游、徒步探险生态旅游等，都是非常有特色且著名的生态旅游类型。

(五)生态旅游对美丽乡村建设的作用

传统的旅游项目往往不能吸引游客前往乡村旅行，只有那些真正想要享受大自然生活、喜欢生态旅游的人，才愿意去乡村享受更加舒适的生活环境、品尝绿色无污染的食品，也正因为此，乡村生态旅游才开始渐渐发展起来。乡村开展生态旅游，不仅仅是像传统旅游一样，通过招揽游客，带来经济效益。其还能在保护乡村环境、促进乡村可持续发展上有着重要的影响，对于改善农民的生活环境、促进文化传承也有着不能忽视的重要影响。

①生态旅游能够帮助乡村改善生活环境。农民对于保护环境的重视可能并不太强，但是一旦发展起来乡村生态旅游，大家就会因为生态旅游的重要性而认识到保护环境带来的好处。通过旅游的经济效益提高保护环境的积极性，不仅能促进环境保护，还能让当地的有特色的文化传统得到更好的保存与继承。一旦能够有规划合理的生态工程得到推进，就能够大大地改善当地的环境。促进新农村的建设。

②能够促进传承乡村文化。生态旅游的开展需要尊重当地生态规律及文化习俗，在这样的环境下能够帮助居民建立对当地文化的重视与自豪感，意识到其中蕴含的珍贵价值，使在开展旅游的同时帮助村民更好地保护传统工艺、文化、饮食等等。

③开展生态旅游，还能帮助当地农民改善生活水平。通过发展乡村的生态旅游，能够带动当地经济，帮助改善农村的产业结构，通过加工销售旅游产品，带来新的收入，一方面提高了当地资源的利用效率，将原本一些废弃的物品利用起来，将其赋予新的价值，另一方面还能提供给村民更多的就业机会。这样就能够帮助农民加快脱贫致富的进程，促进“三农问题”的解决。而且在发展生态旅游的过程中，需要建设旅游配套设施，间接地帮助农村进行了基础建设，让交通更加便利，房屋建设更加合理，还能规范其排水系统的设计。这些致力于改善当地环境的工作，最后都能够给农民带来一个更加舒适的居住条件。

推动乡村旅游的可持续发展。乡村生态旅游也遵循着生态旅游的内涵，主要是依托于当地的资源，在保证环保且能够可持续发展的情况下，开展推进旅游项目。因此在旅游项目的开发中，当地的资源环境保护、可持续性发展是与游客融为一体的，能够在很大程度上保证协调发展，互相促进，改善当地的生态环境。这就使乡村生态旅游的可持续性得到了保障。

# 参考文献


[1] 北京市旅游局. 乡村旅游的“北京模式”实践与应用 [M]. 北京：中国旅游出版社，2010.

[2] 李雪铭，杨俊，李静. 地理学视角的人居环境 [M]. 北京：科学出版社，2010.

[3] 高尚宾，张克强，方放，等. 农业可持续发展与生态补偿——中国欧盟农业生态补偿的理论与实践 [M]. 北京：中国农业出版社，2011.

[4] 金兆森，陆伟刚. 村镇规划 [M]. 3 版. 南京：东南大学出版社，2010.

[5] 金鉴明，卞有生，田兴敏. 生态农业：21 世纪的阳光产业 [M]. 北京：清华大学出版社，2011.

[6] 郭华. 乡村旅游社区利益相关者研究：基于制度变迁的视角 [M]. 广州：暨南大学出版社，2010.

[7] 耿宝江. 休闲农业开发与管理 [M]. 成都：西南财经大学出版社，2015.

[8] 吕明伟，任国柱，刘芳. 美丽乡村：休闲农业规划设计 [M]. 北京：中国建筑工业出版社，2015.

[9] 程水源，刘汉成. 城乡一体化发展的理论与实践 [M]. 北京：中国农业出版社，2010.

[10] 柯福艳. 美丽乡村安吉 [M]. 杭州：浙江大学出版社，2012.

[11] 王旭烽，任重，周新华. 中国美丽乡村调查 [M]. 南昌：江西人民出版社，2011.

[12] 宋军令. 文化传承视野下的中国乡村旅游发展研究 [M]. 北京：中国环境出版社，2017.

[13] 叶文，成海. 旅游融合发展：旅游产业与乡村建设 [M]. 北京：中国环境出版社，2016.

[14] 李新水．“三农”策论 [M]．武汉：湖北人民出版社，2013.

[15] 罗军. 传统农区产业集群形成与演化 [M]. 北京: 社会科学文献出版社，2010.

[16] 冯卫红．旅游产业集群：理论解释与实证研究 [M]．北京：经济科学出版社，2011.

[17] 张翠晶．生态理念和田园文化视角下的乡村旅游景观设计 [M]．长春：东北师范大学出版社，2017.

[18] 李玉新．农村生态文明建设与乡村旅游发展的协同研究 [M]．北京：中国旅游出版社，2016.

[19] 黄薇，史亚军. 北京美丽乡村建设模式研究 [J]. 农学学报，2015（5）：118-122.

[20] 黄燕．美丽乡村建设应处理好的几个关系 [J]．全国商情（经济理论研究），2013（13）：77-78.

[21] 樊晓民．对美丽乡村建设的几点思考 [J]．西部财会，2014（2）：55-57.

[22] 王卫星．美丽乡村建设：现状与对策 [J]．华中师范大学学报（人文社会科学版），2014（1）：1-6.

[23] 黄克亮，罗丽云．以生态文明理念推进美丽乡村建设 [J]．探求，2013（3）：5-12.